近畿圏版⑥　最新入試に対応！家庭学習に最適の問題集!!

京都教育大学附属 京都小中学校

2021～2023年度過去問題を掲載

2024年度版 過去問題集

合格までのステップ

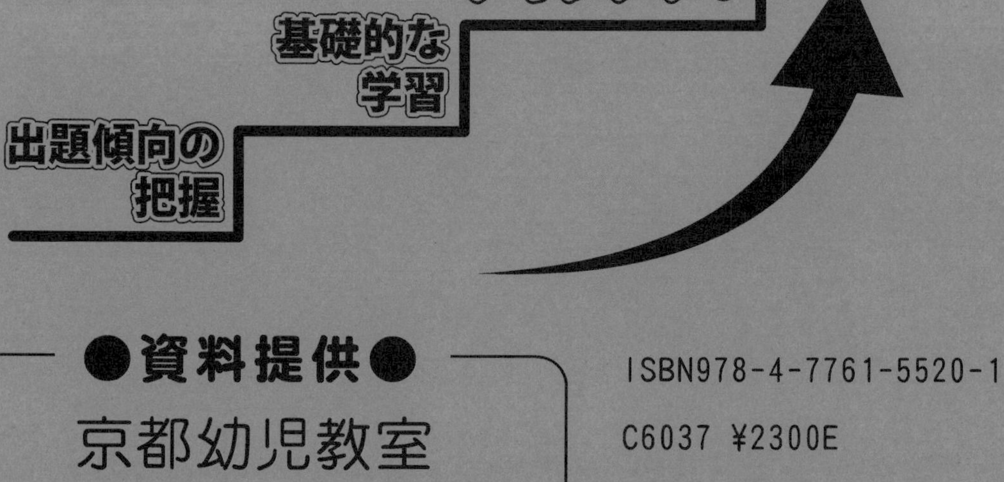

●資料提供●
京都幼児教室

日本学習図書（ニチガク）

ISBN978-4-7761-5520-1
C6037 ¥2300E

定価 2,530 円
（本体 2,300 円＋税 10%）

9784776155201
1926037023005

目指せ！合格！ 家庭学習ガイド

京都教育大学附属京都小中学校

入試情報

応募者数：男子 175 名　女子 149 名

出題形式：ペーパー、ノンペーパー

面　　接：なし

出題領域：ペーパー（お話の記憶、言語、常識、図形、推理、常識、数量）、制作、個別テスト（口頭試問）、運動、行動観察

入試対策

当校の入試の特徴は出題形式の幅広さです。ペーパーテスト（巧緻性含む）、制作、口頭試問、運動、行動観察とさまざまな形式で実力が試されます。また、ペーパーテストの出題分野も上記の通り多岐に渡っています。問題は、分野によって易しいものから難しいものまでさまざまですが、頭の切り替えの速さが求められます。日頃の学習から「（解答の）制限時間を守る」「テスト形式の問題集を解く」といった工夫が大切です。2023 年度は、特に常識（理科）の問題の難易度が高く設定されていました。常識分野の対策は、実物を見たり、図鑑などで確認したりして知識を定着させましょう。
口頭試問では面接形式の課題でした。指示や質問にあわせて、きちんと受け答えができるようにしておきましょう。特に、姿勢や態度、言葉遣い、目線などに気を配り、練習のうちから意識してください。
巧緻性・制作は、紙を線や点に合わせて折るという課題と、個別テストの待ち時間の間に絵画が出題されました。運動・行動観察は、「自己の確立した人間を育てる」という学校方針の通り、自主性に観点が置かれています。具体的には、「指示を一度で聞き取る」「ルール、マナーを守れる」といった基準です。付け焼き刃の対策をするのではなく、日頃からそういった点に気を付けて指導するようにしましょう。

- ●日程は男女で異なります。
- ●入試は３時間ほどかかります。長時間の試験に対する備えをしてください。
- ●テストは１グループ３名～ 20 名で行われ、項目によって人数に変動があります。
- ●制作テストでは「後片付け」も観点となっています。「きちんと片付ける」ことを身に付けてください。
- ●運動テストは待機時の様子も観察されているようです。注意しましょう。

「京都教育大学附属京都小中学校」について

＜合格のためのアドバイス＞

　当校は小・中９年間一貫教育となっており、「キャリア教育」を中核に教育を推進し、2010年度に「京都教育大学附属小中学校」と改称しました。初等部（１～４年）、中等部（５～７年）、高等部（８・９年）の教育システムは独特のものであり、本校の教育方針をよく理解し、お子さまの適性・将来の進路を考えた上での受験をおすすめします。

　考査は、男女別（日程も別）でペーパーテスト（巧緻性含む）、制作、口頭試問、運動テスト、行動観察が実施されます。志願者者は生年月日別（４月２日～９月30日、10月１日～４月１日）に２グループに分けて検査が行われます。また、2023年度は、午前中に検査が行われました。検査も長時間に及ぶため、お子さまの体力と気力、精神的自立が必要です。ペーパーテストの難易度はそれほど高くありませんが、出題分野は幅広く、総合的な学力が問われるといえるでしょう。その中で、「普通のことが普通にできること」「指示を一度で理解し、行動に移せること」「ルール、マナーを守れること」「生活常識、道徳が身についていること」など、小学校受験では普遍的なテーマが問われています。当校受験のための特別な対策をとるというよりは、日常生活の中で躾を含めた学びを実践してしていくことが重要でしょう。

　口頭試問は、１対１で行われます。答えがわかっていても、緊張から答えられないというお子さまもいるようです。初対面の人とも話せるように、ふだんの生活の中にそのような機会を設け、お子さまが経験を積めるようにするとよいでしょう。

〈2023年度選考〉

◆ペーパーテスト（巧緻性を含む）
◆制作
◆個別テスト
◆運動
◆行動観察

◇過去の応募状況

2023年度	男子175名	女子149名
2022年度	男子185名	女子155名
2021年度	非公表	

入試のチェックポイント

◇受験番号は…「受付証明書提示順」
◇生まれ月の考慮…「あり」

〈本書掲載分以外の過去問題〉

◆見る記憶：見せた絵にあったものを選ぶ。[2017年度]
◆常識：仲間外れの絵を選ぶ。[2017年度]
◆図形：絵を重ねて正しい形を選ぶ。[2017年度]
◆常識：絵を時間の流れに沿って並べる。[2017年度]
◆図形：絵を○回、転がした時の形を選ぶ。[2017年度]
◆言語：絵を並べてしりとりをする。[2016年度]
◆常識：絵を見て太陽の出ている方向を考える。[2016年度]
◆常識：シーソーを使って一番重いものを見つける。[2016年度]

京都教育大学附属
京都小中学校

過去問題集

〈はじめに〉

現在、少子化が叫ばれているにもかかわらず、私立・国立小学校の入学試験には一定の応募者があります。入試は、ただやみくもに学習するだけでは成果を得ることはできません。志望校の過去における出題傾向を研究・把握した上で、練習を進めていくこと、その上で試験までに志願者の不得意分野を克服していくことが必須条件です。そこで、本問題集は小学校を受験される方々に、志望校の出題傾向をより詳しく知って頂くために、過去に遡り出題頻度の高い問題を結集いたしました。最新のデータを含む精選された過去問題集で実力をお付けください。

また、志望校の選択には弊社発行の「**2024年度版　近畿圏・愛知県　国立・私立小学校　進学のてびき**」をぜひ参考になさってください。

〈本書ご使用方法〉

◆出題者は出題前に一度問題を通読し、出題内容などを把握した上で、〈**準　備**〉の欄に表記してあるものを用意してから始めてください。

◆お子さまに絵の頁を渡し、出題者が問題文を読む形式で出題してください。問題を読んだ後で、絵の頁を渡す問題もありますのでご注意ください。

◆「**分野**」は、問題の分野を表しています。弊社の問題集の分野に対応していますので、復習の際の目安にお役立てください。

◆一部の描画や工作、常識等の問題については、解答が省略されているものがあります。お子さまの答えが成り立つか、出題者が各自でご判断ください。

◆〈**時　間**〉につきましては、目安とお考えください。

◆問題右端の［**〇年度**］は、問題の出題年度です。［**2023年度**］は、「2022年の秋から冬にかけて行われた2023年度入学志望者向けの考査で出題された問題」という意味です。

◆**学習のポイント**は、指導の際にご参考にしてください。

◆**【おすすめ問題集】**は各問題の基礎力養成や実力アップにご使用ください。

〈本書ご使用にあたっての注意点〉

◆文中に**この問題の絵は縦に使用してください。**と記載してある問題の絵は縦にしてお使いください。

◆〈**準　備**〉の欄で、クレヨン・クーピーペンと表記してある場合は12色程度のものを、画用紙と表記してある場合は白い画用紙をご用意ください。

◆文中に**この問題の絵はありません。**と記載してある問題には絵の頁がありませんので、ご注意ください。なお、問題の絵の右上にある番号が連番でなくても、中央下の頁番号が連番の場合は落丁ではありません。

◆下記一覧表の●が付いている問題は絵がありません。

問題1	問題2	問題3	問題4	問題5	問題6	問題7	問題8	問題9	問題10
問題11	問題12	問題13	問題14	問題15	問題16	問題17	問題18	問題19	問題20
		●	●	●	●	●	●		
問題21	問題22	問題23	問題24	問題25	問題26	問題27	問題28	問題29	問題30
問題31	問題32	問題33	問題34	問題35	問題36	問題37	問題38	問題39	問題40
問題41	問題42	問題43	問題44						
	●								

(得) 先輩ママたちの声！

◆実際に受験をされた方からのアドバイスです。
ぜひ参考にしてください。

京都教育大学附属京都小中学校

・試験は約３時間という長時間に及ぶので、体力・集中力を持続させることが何より大切です。ふだんから身体を動かし、規則正しい生活を心がけました。

・子どもの試験中、校長先生と副校長先生から小学校での取り組み・検定に関しての注意事項などのお話がありました。

・出題分野は非常に多いです。不得意な分野を作らないように気を配りました。ペーパー対策だけでなく、生活体験から学べる環境を作るよう努力しました。

・受験をしたことで、親子の絆が深くなりました。テストの結果以上のものを得られたように思います。子どもも精一杯がんばってくれました。

・筆記用具は青い色鉛筆で、机に固定されたケースの中に入っています。

・問題が説明される時は、モニターに映されました。

・月齢によって系列が２つに分けられました。受付では、受験番号を確認した後、受付番号の下２桁と同じ番号のゼッケンが渡されて、着用後、子どもは検査会場へ、保護者はランチルームへ移動しました。

・解散予定は12時30分予定でしたが、早く終わった子どもは12時15分前後に解散していました。

◎学習効果を上げるため、前掲の「家庭学習ガイド」及び「合格のためのアドバイス」をお読みになり、各校が実施する入試の出題傾向を、よく把握した上で問題に取り組んでください。
※冒頭の「本書ご使用方法」「本書ご使用にあたっての注意点」も併せてご覧ください。

2023年度の入試問題

問題1　分野：お話の記憶　※男子

〈準備〉　色鉛筆（青）

〈問題〉　お話を聞いて後の質問に答えてください。

ライオンさんとヒツジさんがピクニックに行くことにしました。ヒツジさんはパン屋さんでお昼ご飯にメロンパンとアンパンとクロワッサンを買いました。ライオンさんはお弁当を作ろうと思いましたが、作り方が分からなかったので、他の動物たちに聞くことにしました。ゾウさんは玉子焼きの作り方を、サルさんはハンバーグの作り方を、ウサギさんはおにぎりの作り方を教えてくれました。ライオンさんは早速、真似をして玉子焼きとハンバーグとおにぎりの入ったお弁当を作りました。ライオンさんとヒツジさんはピクニックに出かけ、すべり台やシーソー、ブランコで遊びました。ブランコで遊んでいる時に、ライオンさんの帽子が風に飛ばされてしまいましたが、ネコさんがすぐにライオンさんの帽子を見つけてくれました。とても楽しい１日でした。

①お話になかったパンに○をつけてください。
②ライオンさんとヒツジさんが遊んだものに○をつけてください。
③ハンバーグの作り方を教えてくれた動物に○をつけてください。

〈時間〉　各15秒

〈解答〉　①右端（食パン）
②左端（すべり台）、真ん中（ブランコ）、右から２番目（シーソー）
③左から２番目（サル）

学習のポイント

お話は短く、基本的な内容です。お話の記憶の力は、絵本や昔話、童話などの読み聞かせの量に比例するといわれています。はじめは、お子さまが取り組みやすい本を選び、読み聞かせを習慣にするとよいでしょう。慣れてきたら、さまざまなジャンルの本を取り入れるようにしましょう。また、読み終わった後は、感想を聞いたり、内容について質問したりすると、記憶が定着しやすくなります。また、問題を解く際は、簡単なミスをしないように落ち着いて取り組みましょう。そして、問題を解き終えたら、保護者の方が解答を読み、お子さま自身に答え合わせをさせてください。その際は、保護者の方が、お話の解答の箇所を読むと、お子さま自身で気がつくことができるでしょう。そのようにすることで、能動的に問題に取り組む姿勢が身につきます。

【おすすめ問題集】
１話５分の読み聞かせお話集①・②、お話の記憶問題集 初級編・中級編、
Ｊｒ・ウォッチャー19「お話の記憶」

問題2　分野：お話の記憶　※女子

〈準　備〉　色鉛筆（青）

〈問　題〉　お話を聞いて後の質問に答えてください。

ゾウさん親子は、電車に乗ってスーパーへ買い物に行きました。ゾウ親子は、ニンジンとジャガイモを買いました。スーパーにはキリンさん親子とサルさん親子が買い物に来ていて、キリンさん親子はお菓子を、サルさん親子は魚を買っていました。スーパーで買い物をすませたゾウさん親子は、次に、文房具屋へ行き、鉛筆と消しゴムを買いました。文房具屋を出て帰ろうとすると雨が降ってきたので、ゾウさんは、持っていたお気に入りの赤い傘をさして歩きました。そして、ドーナツ屋さんの前のバス停から、バスに乗って帰りました。

①お菓子を買った動物に○をつけてください。
②ゾウさん親子が買っていないものに○をつけてください。
③ゾウさん親子が買い物へ行く時に乗った乗り物に○をつけてください。

〈時　間〉　各15秒

〈解　答〉　①右から２番目（キリンさん親子）　②左端（ドーナツ）、右から２番目（傘）
③右端（電車）

学習のポイント

男子のお話の記憶と同様に、短く基本的な内容のお話が出題されました。しかし、注意することは、②の「買っていないもの」を答える問題です。問題をしっかりと聞いていないと、解くことができません。また、お話の内容だけでなく、各問題もしっかりと聞いて対策しなければならないため、最後まで集中力を切らさずに取り組むことが必要になります。記憶の力を伸ばすには、問題を解く前に、「今日、幼稚園で何をして遊んだの？」「その後は、誰とどんなことをしたの？」など、体験したことを質問してください。出来事を頭にイメージしてから読み聞かせをすることで、どのように思い出せばよいかが分かるようになります。また、問題を解く際は、保護者の方が前に座り、解いている様子を観察してください。解答を書く時の線の運び方や解くまでにかかった時間は、記憶できているかの結果に表れます。お子さまの記憶の特徴を把握し、学習に生かしましょう。

【おすすめ問題集】
１話５分の読み聞かせお話集①・②、お話の記憶問題集 初級編・中級編、
Ｊｒ・ウォッチャー19「お話の記憶」

問題3　分野：言語

〈準備〉　色鉛筆（青）

〈問題〉　左の絵の音が、終わりについている絵を右から探して○をつけてください。

〈時間〉　30秒

〈解答〉　①左から２番目（ワニ）、右から２番目（シカ）
②左から２番目（カギ）、右端（菜の花）
③左端（財布）、左から２番目（クジャク）

学習のポイント

問題の意味をしっかりと理解できたかどうかが最初のポイントです。例えば、①の問題は、左の絵の「カニ」という音が終わりについている絵を問われているので、答えは「ワニ」「シカ」になります。ものの名前は知っていても、言葉の音を正確に把握していないと解くことができません。まずは、お子さまの現在の語彙力を把握することから始めてください。新しく語彙を習得する時は、言葉の一音一音を確かめながら学習し、語彙力の向上につなげましょう。③の問題の左の絵は、「フクロウ」です。見た目が似ている「ミミズク」との違いは、両端にある耳のように見える飾り羽の「羽角」の有無です。フクロウにはなく、ミミズクには「羽角」があるのが特徴です。問題の解答だけでなく、このように派生していけば、図鑑などで知識を増やすことができます。保護者の方自身が広い視野をもって、問題に取り組むようにしましょう。

【おすすめ問題集】
Ｊｒ・ウォッチャー17「言葉の音遊び」18「いろいろな言葉」、
60「言葉の音（おん）」

問題4　分野：常識（季節）

〈準備〉　色鉛筆（青）

〈問題〉　左に描いてある絵の次の季節の絵を右から探して○をつけてください。

〈時間〉　30秒

〈解答〉　①コスモス・カボチャ（秋）　②鏡餅・豆まき（冬）　③七夕・セミ（夏）
④こいのぼり・チューリップ（春）

学習のポイント

季節は、実際にその時期に体験して覚えていくことが効果的です。イベントは比較的お子さまの記憶に残りやすいと思いますが、花や野菜、虫などは、なかなか難しいでしょう。スーパーに行って旬の野菜を見たり、実際に収穫する体験をさせたりするのもよいでしょう。季節に関する問題は、入試では多く出題される問題の１つです。生活をしていく上で切り離せないことだけに、しっかりと覚えるようにしましょう。また、輸入物やハウス栽培などで収穫の時期があいまいになっているものもあります。あくまでも路地栽培で収穫できる時期を教えてください。また、この問題では、左の絵の季節の次の季節を答えるよう指示が出ています。指示をしっかりと聞かないと、間違えて解答してしまいますので、練習のうちから、問題を最後まで聞き取るよう意識しましょう。

【おすすめ問題集】

Ｊｒ・ウォッチャー34「季節」

問題5　分野：図形合成　※女子

〈準 備〉　色鉛筆（青）

〈問 題〉　左の形を作るのに、右のどの形を使えばできるでしょうか。その形に○をつけてください。

〈時 間〉　40秒

〈解 答〉　下図参照

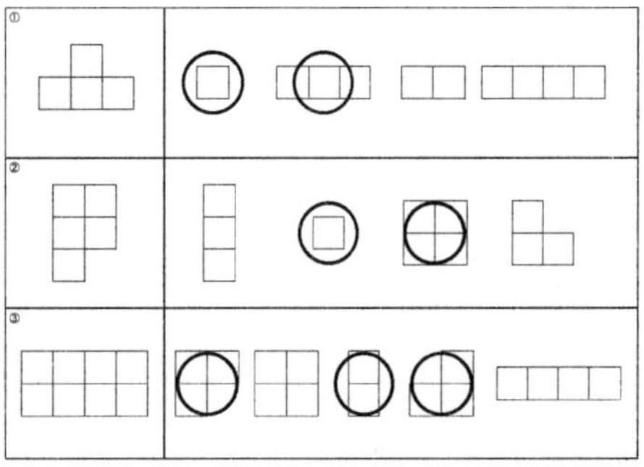

学習のポイント

女子に出題された図形合成の問題です。図形が苦手なお子さまは、頭で考えようとしても理解するまでに時間がかかってしまうと思います。そのような時は、形を切り取り、実際に操作することをおすすめいたします。具体物を使って練習するのが効果的です。その際、保護者の方は口を挟まず、お子さま自身に操作をさせてください。実際に手を動かして思考することで、より理解が深まります。初めのうちは時間がかかってしまってもよいので、図形に触れる時間をたくさん設けることを意識しましょう。また、解答記号の形も忘れずに確認してください。○は書き始めと書き終わりがしっかりと結ばれていなければなりません。形も歪にならないよう、たくさん練習しておきましょう。

【おすすめ問題集】

Ｊｒ・ウォッチャー９「合成」

問題6　分野：図形合成　※男子

〈準備〉　色鉛筆（青）

〈問題〉　右の形を作るのに、左のどの形を使えばできるでしょうか。その形に○をつけてください。

〈時間〉　40秒

〈解答〉　下図参照

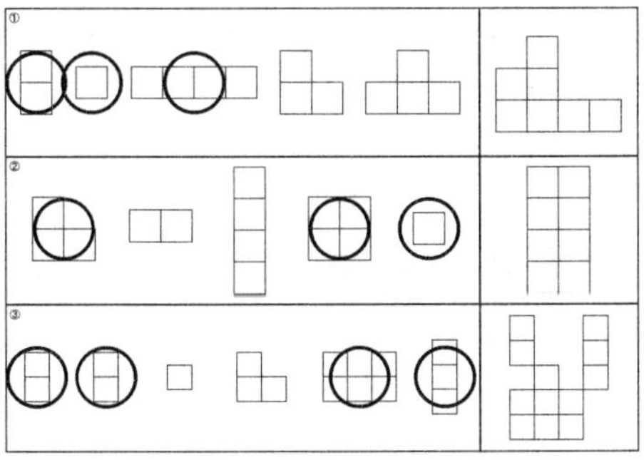

学習のポイント

男子に出題された図形合成の問題です。女子よりも、マス目の数も解答の選択肢も多いため、難易度が高くなっています。図形の問題で、選択肢が左側に設定されている形式は珍しい出題パターンです。慣れていないお子さまも多いと思いますが、慌てず、落ち着いて取り組めば対応できると思います。分からない時は、具体物を使い、実際に動かして考えることをおすすめします。慣れてくると、頭の中で図形をイメージして動かせるようになります。入試までにその力を養うため、短時間でも図形に触れる機会をできるだけ多くとるとよいでしょう。また、普段の遊びに積み木を多く取り入れるのも大切です。まずは、積み木遊びで図形を身近なものにさまざまな方法で思考力を養いましょう。

【おすすめ問題集】
Ｊｒ・ウォッチャー９「合成」

問題7　分野：数量

〈準備〉　色鉛筆（青）

〈問題〉　①ウサギとサルとリスが、リンゴを目の前にある数だけ持っています。ウサギは持っている数の半分をサルにあげました。サルはウサギにもらってから、リスに持っているリンゴの半分をあげました。リスが持っているリンゴはいくつですか。下の四角にその数だけ○を書いてください。
②イヌとウサギとネズミが、リンゴを目の前にある数だけ持っています。イヌはウサギに１個あげました。ウサギはイヌにリンゴをもらってから、ネズミに１個あげました。ネズミが持っているリンゴはいくつですか。下の四角にその数だけ○を書いてください。

〈時間〉　各30秒

〈解答〉　①○２つ　②○２つ

学習のポイント

単純な加減算です。①の「半分」という言葉と②の「何個」という言葉を聞きとることです。①を考えてみましょう。ウサギが持っているリンゴ２個の半分は１個なので、サルに１個あげることになります。サルは１個もらったので合計２個になり、この２個の半分の１個をリスにあげるので、リスのリンゴは２個になります。②は半分という言葉ではなく「何個」と数を言っていますが、考え方は同様です。異なる言い方でも対応できるようにしておきましょう。３匹の動物のやり取りが少々複雑ですが、日常生活で意識的に数に触れ、具体物を利用して数に関する知識を習得することが大切です。特に、このような数の移動は、おはじきを使って、実際に動かしながら考えるとより理解しやすいでしょう。

【おすすめ問題集】

Ｊｒ・ウォッチャー14「数える」、38「たし算・ひき算１」、39「たし算・ひき算２」

問題８　分野：巧緻性（運筆）

〈準備〉　色鉛筆（青）

〈問題〉　線からはみ出さないように●から■まで線を書きましょう。線にぶつかったり線からはみ出したりした時は、続けて書かずにそこでやめましょう。

〈時間〉　２分

〈解答〉　省略

学習のポイント

運筆の問題です。曲線や曲がり角が多く、制限時間内にすべて書ききるには、運筆に慣れていないと難しいでしょう。保護者の方は、お子さまが書いている様子を観察してください。筆記用具は正しく持てなかったり、手首を動かしていたり、書く時の姿勢が悪かったりすると、運筆はなかなか上達しません。早く、ブレないように書くためにはしっかりと身につけておく必要があります。成長すると、矯正しづらくなりますので、できていないようであれば、今のうちに直しておきましょう。直線で曲がり角がある時は、始点と終点を決め、書き始めたら迷わず一気に引くことが大切です。何度も練習することで少しずつ上達してきます。普段から、お絵描きでさまざまな形や線を描いて慣れておくことも運筆の上達につながりますので、遊びに多く取り入れるようにしましょう。

【おすすめ問題集】

Ｊｒ・ウォッチャー51「運筆①」、52「運筆②」

問題9　分野：常識（理科）

〈準備〉　色鉛筆（青）

〈問題〉　（問題９－１が女子、問題９－２が男子の問題）
左と右で関係のあるものを線で結んでください。

〈時間〉　30秒

〈解答〉　下図参照

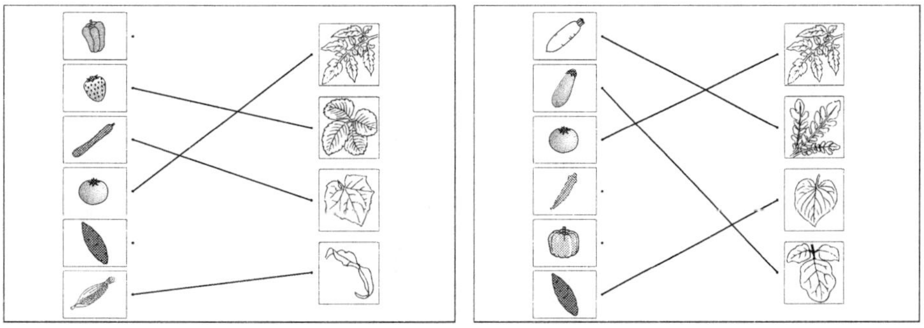

学習のポイント

果物や野菜のできる季節の問題は、多くの学校で取り上げてますが、このような葉と結び付ける問題はあまりありません。図鑑などを見たときに季節や成長、実や葉などさまざまな角度から知識を得ていくようにしましょう。常識の問題は、実際に目にしたり体験したりして学ぶのが最も効果的ですが、スーパーに並んでいる野菜や果物は、ほとんど葉がない状態で売られているため、身の回りで目にする機会はあまりないかもしれません。収穫の体験をさせたり、図鑑やテレビから知識を得たりなど、お子さまにしっかりと身につくように工夫をするとよいでしょう。また、点と点を線で結ぶよう指示があります。先の問題でも運筆が出題されており、当校で重要視していると推測できます。結ぶ先の点の場所を確認し、曲がらないように一気に引くことと、途中で途切れないようにしっかりと点まで結ぶことを意識しましょう。

【おすすめ問題集】
Ｊｒ・ウォッチャー27「理科」、34「季節」、51「運筆①」、52「運筆②」、55「理科②」

問題10　分野：位置の移動　※女子

〈準　備〉　色鉛筆（青）

〈問　題〉　それぞれの生き物が矢印の方向へ矢印の数の分ずつ同時に進みます。お互いが出会うところに○を書いてください。

〈時　間〉　各20秒

〈解　答〉　下図参照

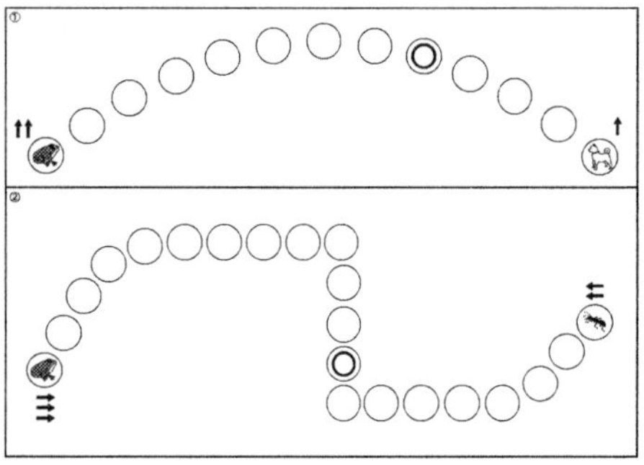

学習のポイント

女子に出題された位置の移動の問題です。このような問題で大切なことは、生き物が１回でいくつ進むのかを正しく理解することです。１回で移動するマスの数は生き物によって異なるため、この点をしっかりと理解していないと解くことができず、途中で混乱しやすくなります。そうなると最初からやり直しとなり、時間を無駄に消費してしまうことになります。そのため、移動するたびにマスに小さな印をつけることをおすすめいたします。注意点としては、解答と同じ印を使用しないこと、印を大きくつけないことです。大きな印をつけると、誤解答と受け取られる可能性がありますので、チェックの印は小さくつけるとよいでしょう。

【おすすめ問題集】
Ｊｒ・ウォッチャー２「座標」

問題11　分野：位置の移動　※男子

〈準備〉　色鉛筆（青）

〈問題〉　それぞれの生き物が矢印の方向へ、矢印の数の分ずつ同時に進みます。お互いが出会うところに○を書いてください。

〈時間〉　各20秒

〈解答〉　下図参照

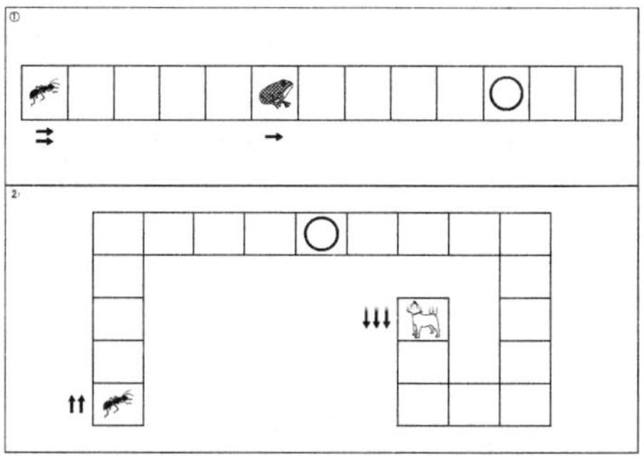

学習のポイント

この問題は男子で出題された問題です。内容は、前問と同じですが、進む方向が違います。②では、両端から中心に向かって移動していきますが、①は、スタートの位置が違う場所から同じ方向に移動します。この移動の違いをしっかりと切り替えて問題に取り組まなければなりません。どうしても理解できない場合、おはじきを使用して、実際にマス目の上を移動させてみましょう。具体物を使用することで、視覚で移動を捉えることができ、理解しやすくなります。これを、それぞれ２回ずつ移動させてください。すべてを移動させてしまうと問題を解くことになりません。移動の理解ができたところで止め、残りを解かせてみましょう。一度、内容を理解できれば、あとは数をこなすことで力は着いてきます。この問題はオセロの盤などを活用して学習することもできますので、活用してみてください。

【おすすめ問題集】
　Ｊｒ・ウォッチャー２「座標」

問題12　分野：巧緻性

〈準備〉　点線を赤色で、左下の○を青色で、右下の○を緑色で塗り、外枠に沿って切り取る。

〈問題〉　この問題の絵は縦に使用してください。
左上の角と、右上の角を赤い点線に合うように折ってください。
左下の角は青い○に、右下の角は緑の○に向かって折ってください。その時、○を超えないようにしてください。

〈時間〉　適宜

〈解答〉　省略

学習のポイント

この問題は、できた、できなかったという結果を見る前に、出題された内容を一度聞き、理解できたかどうかをチェックしてください。このような巧緻性の問題の場合、出題や説明を理解できたかどうかが結果を左右します。ですから、話を一度聞いて理解ができているかどうかをチェックしましょう。チェックの方法は、説明したことをお子さまに言わせる方法がおすすめです。試験会場では、これに緊張が加わります。緊張は理解度を妨げますから、練習でしっかりと聞くことの大切さを習得するとよいでしょう。その上で、一つ一つの作業を丁寧に、早く行えるようにしましょう。これらは経験を重ねることで上達していきますので、毎日、少しずつでも練習をするようにしてください。そして、途中で投げ出さないか、完成した作品の出来はどうであったか、作業中の態度はどうであったかも入試では観察されます。楽しんで取り組みましょう。

【おすすめ問題集】
実践 ゆびさきトレーニング①②③、
Ｊｒ・ウォッチャー23「切る・塗る・貼る」、25「生活巧緻性」

問題13　分野：絵画　※男子・女子

〈準備〉　Ａ４の紙、鉛筆

〈問題〉　この問題の絵はありません。
この紙に好きな絵を描いてください。いっぱいになったら、裏に描いてください。

〈時間〉　２分

〈解答〉　省略

学習のポイント

個別テストの待ち時間に実施された問題です。鉛筆１本で描きますが、芯が折れたときは交換してくれます。消しゴムはありません。鉛筆だと消して描けるという先入観につい頼ってしまいますが、クレヨンで描いていると思って描くとよいでしょう。絵を描くとき、線が生き生きしているかという点にも着眼してください。「子どもらしい絵」とよく言いますが、これは、一つ一つの絵が生き生きした線で描かれた絵を指します。そのためには描く絵が小さいものばかりでは線が生きているとはいえません。一つ一つの線を長く勢いよく描くことで、線が生きてきます。こうした練習は、読み聞かせの後に絵を描いたり、物語の中の何かを作ったり、出かけたときの思い出を描いたり、楽しいことを描かせることで身につきます。一度、テーブルの上に新聞紙を敷き、その上に画用紙をおいて、はみ出してもよいので思いきり線を描かせてみましょう。手で描く線と、腕で描く線の違いが分かると思います。

【おすすめ問題集】
Ｊｒ・ウォッチャー22「想像画」、24「絵画」

問題14　分野：個別テスト　※女子

〈準備〉　山の写真、海の写真

〈問題〉　**この問題の絵はありません。**

①（山と海の写真を見て）家族で行くのならどちらへ行きたいですか。そこへ行くときは、何を持っていきますか。どうしてそれをもって行くのか教えてください。

②このお手本と同じようにお家を作ってください。やめと言われたら止めましょう。

③なぞなぞを出しますので答えてください。答えられたら、次はあなたが出してください。

・パンはパンでも食べられないパンは何でしょう。

・今度はあなたの番です。

〈時間〉　適宜

〈解答〉　省略

学習のポイント

この問題は、口頭試問で出題されました。口頭試問の問題は、正解を求める内容と意見を聴取する内容がありますが、本問は、後者に当たります。このような場合、回答に意識が向いてしまうと思いますが、回答するときの表情に着眼してください。口頭試問は、回答のみならず、回答時の表情、態度、視線、話し方、内容と、複数のことを観察しています。ですから、よい回答を述べたとしても、暗い表情で回答したらいい印象を与えることができません。そのような点から、面接テストで求められている内容も含まれていると申し上げてもよいでしょう。そして②では、観察力、丁寧さが観られています。先生の目の前で何かを作るのは緊張すると思いますが、結果を意識するのではなく、作る楽しみを味わうようにしてほしいと思います。そうすることで結果は自ずとついてきます。そしてなぞなぞです。この問題は楽しく取り組むことを意識してください。ただし、楽しいからといって人と会話をする時の基本が崩れてしまってはよくありません。その点を考慮して楽しむというということです。

【おすすめ問題集】

面接テスト問題集、小学校受験の入試面接Ｑ＆Ａ、新 口頭試問・個別テスト問題集

問題15　分野：個別テスト　※男子

〈準備〉　なし

〈問題〉　**この問題の絵はありません。**

①家族で行くのなら、夏の山と冬の山のどちらへ行きたいですか。そこへ行く時何を持っていきますか。どうしてそれをもって行くのか教えてください。
②この積み木と同じように積み木を積んでください。やめと言われたら止めましょう。
③先生が質問をするので答えてください。質問に答えたら、今度はあなたが質問をしてください。
・あなたの誕生日はいつですか。
・今度はあなたが質問をしてください。

〈時間〉　適宜

〈解答〉　省略

学習のポイント

楽しい課題ですが、これも試験であることを忘れないようにしましょう。今回の問題のように、物を扱う場合は道具の使い方には注意しましょう。投げたり、使わない道具を放っておくのは危険です。日頃から遊びに熱中しすぎて、そのようなことが疎かにならないようにしましましょう。①のように、複数の回答を求められた時、お子さまは問われている内容をしっかりと覚えていられるでしょうか。また、掘り下げたことを答える際、話はつながっていますか。このテストは面接も兼ねていると観てよいと思います。ですから、相手の目を見てしっかりと回答できるようにしましょう。求められているのは正解ではなく、意見であることを覚えておいてください。

【おすすめ問題集】
面接テスト問題集、小学校受験の入試面接Ｑ＆Ａ、新 口頭試問・個別テスト問題集

問題16　分野：行動観察（ダンス）

〈準備〉　なし

〈問題〉　**この問題の絵はありません。**

曲に合わせてダンスをしましょう。テレビでお手本を見てください。お手本の最後のころはお手本のダンスはなくなりますので、自分で好きなように踊ってください。最後は「ポーズ」と言いますので、好きなポーズを取ってください。踊る人は、四角の中で踊り、待つ人は後ろを向いて三角座りをしていてください。

〈時間〉　適宜

〈解答〉　省略

学習のポイント

実際にはダンスの音楽は「勇気100％」の曲でした。模倣体操や模倣ダンスのようなものは、楽しんで行うことが一番です。そして、お手本通りに踊ることが大切ですが、だからといって、小さくまとまるのはおすすめできません。上手にというよりも楽しみながら、曲調に合わせて元気よく楽しめるように指導してください。また、最後の部分は自分でポーズを決めます。ここでボーッとせず、指示をしっかりと聞いて自分なりにポーズを決めましょう。このようなテストの場合、保護者の方は実技に意識が向くと思いますが、実は、実技で大きな差がつくことはあまりありません。差がつくのは、待っている時の態度です。近年、我慢ができない、待っていることができないお子さまが多いと言われています。待っている時間が長くなればなるほど、態度面でのチェックを受けるお子さまが増えてきます。こうしたところでのチェックが、運動テストや行動観察などのテストで差がつくところとなっています。ということは、指示通り、待っていられれば、大きな減点はないということになります。日常生活において、待つことを積極的に取り入れてください。

【おすすめ問題集】

Ｊｒ・ウォッチャー29「行動観察」

問題17　分野：運動

〈準 備〉　マット、ボール縄跳び

〈問 題〉　**この問題の絵はありません。**

笛の合図があったら、マットの上でボールつきをします。なるべく動かないようにして「1・2・3・キャッチ」を繰り返し行います。笛の合図が鳴ったらやめてボールを片付けましょう。待つ人は後ろを向いて三角座りをしていてください。

〈時 間〉　適宜

〈解 答〉　省略

学習のポイント

運動テストですが、このような運動をする場合、最初に姿勢よく立つことが大切です。この時点で崩れているとドリブルは上手にできません。ですから、まずは取り組む際の立つ姿勢をチェックします。また、ドリブルは得手不得手がはっきり別れます。苦手のお子さまの場合、まずはボールを落として取る。落として取るを繰り返し、リズム感を養ってください。次に、ボールを落としたら、一度、ボールを突いて、上がってきたボールを取ります。慣れてきたら、これを連続して行います。これでボールが真っ直ぐ上に上がってくるようになったら、今度は突く回数を２回に増やして行います。この練習はリズミカルに行うことと、ボールを突く場所（中心を突くこと）を習得するために行います。概ね、リズミカルに２回連続で突ければ、あとは練習を重ねることで、ドリブルの回数も増えてくると思います。この練習も他の問題同様ですが、楽しみながら行うようにしましょう。失敗しても、指示に従って行えば大丈夫です。やり直していいのか、指示に従って終わるのか。指示に従うことも観点の一つとして入っていることを忘れないでください。

【おすすめ問題集】

Ｊｒ・ウォッチャー28「運動」、新 運動テスト問題集

問題18　分野：行動観察

〈準備〉　ドミノで使う牌

〈問題〉　**この問題の絵はありません。**
今からウサギとキリンのチームに分かれてドミノを並べましょう。途中で倒れたら、気にせずに、またそこから作ってください。終わりの合図があったらやめて、誰かが倒してください。倒したらドミノを箱に片付けてください。

〈時間〉　適宜

〈解答〉　省略

学習のポイント

このような問題は、近年、小学校受験では頻出となっています。まず、この理由を保護者の方は考えてみましょう。そして、どうしてこのような質問を書いたかも考えてみましょう。その理由ですが、この問題の観点の一つに崩れたときに、お子さまがどのような対応をするかを観ることがあります。そして、同時に保護者の方の躾感を観ています。失敗をしたくてする人はいません。ですから、失敗したときにどのような行動を取るかは大切な観点の一つとなっています。つまり、大きなバツが付き、入学後の集団生活に則さないと評価されれば、他の成績が良くても不合格となる可能性が高くなります。このような事にならないためにも、普段からの人との関わりは大切にしましょう。この大切なことを教えるのが保護者の方の役割となります。小学校受験は、お子さまだけが頑張ればよいのではなく、家庭全体で取り組むことでもあります。親は子の鑑という言葉があるように、保護者の方は規範意識を持って生活を送り、色々な人への配慮などについても経験させてあげてください。その体験量の多少が入試に結果として表れます。

【おすすめ問題集】
Ｊｒ・ウォッチャー29「行動観察」

◎学習効果を上げるため、前掲の「家庭学習ガイド」及び「合格のためのアドバイス」をお読みになり、各校が実施する入試の出題傾向を、良く把握した上で問題に取り組んでください。
※冒頭の「本書ご使用方法」「ご使用にあたっての注意点」も併せてご覧ください。

2022年度以前の問題

問題19　分野：数量（同数発見）

〈準備〉　色鉛筆（青）

〈問題〉　左側の絵の数と同じ数のものを右側から見つけて、○をつけましょう。

〈時間〉　1分30秒

〈解答〉　下図参照

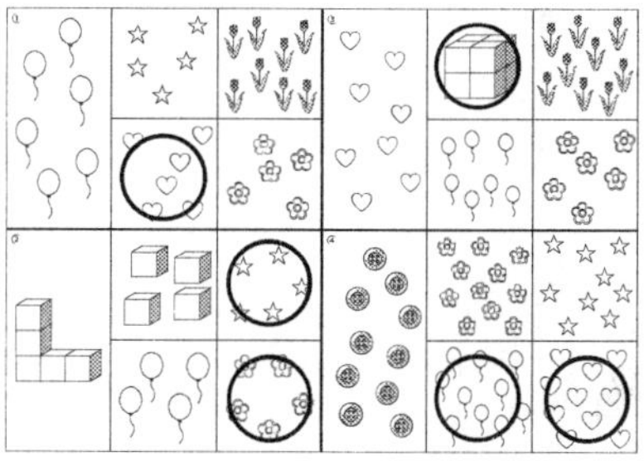

［2022年度出題］

学習のポイント

数を数え、同数のものを見つける問題です。指を使わずに、目視で数を数えられるようになるのが理想です。慣れるまでは難しく感じられるでしょう。数的感覚を養う機会は、日常生活の中にたくさんあります。食事の準備をする際、家族の人数を数え配膳する。買い物に行ったとき、品物を数えながらカゴに入れる。などといった形で日頃から数を数える機会を作るとよいでしょう。また、10以上の数が混ざっているのも本問の特徴です。小学校受験では10までの数はすぐに数えられるとされています。それを超える数にもしっかりと対応できるように練習しておく必要があります。

【おすすめ問題集】
Ｊｒ・ウォッチャー14「数える」

家庭学習のコツ①　「先輩ママのアドバイス」を読みましょう！

本書冒頭の「先輩ママのアドバイス」には、実際に試験を経験された方の貴重なお話が掲載されています。対策学習への取り組み方だけでなく、試験場の雰囲気や会場での過ごし方、お子さまの健康管理、家庭学習の方法など、さまざまなことがらについてのアドバイスもあります。先輩ママの体験談、アドバイスに学び、ステップアップを図りましょう！

問題20　分野：推理（座標の移動）

〈準備〉　色鉛筆（青）

〈問題〉　**この問題の絵は縦に使用してください。**
黒い矢印からスタートして、１番上の四角のお約束のように進みます。①②は、白い矢印のゴールまで、線を引いてください。③④は、白い矢印のゴールまで線を引きますが、途中にある太い線の四角の中には、当てはまるお約束の印を書いてください。

〈時間〉　各30秒

〈解答〉　下図参照

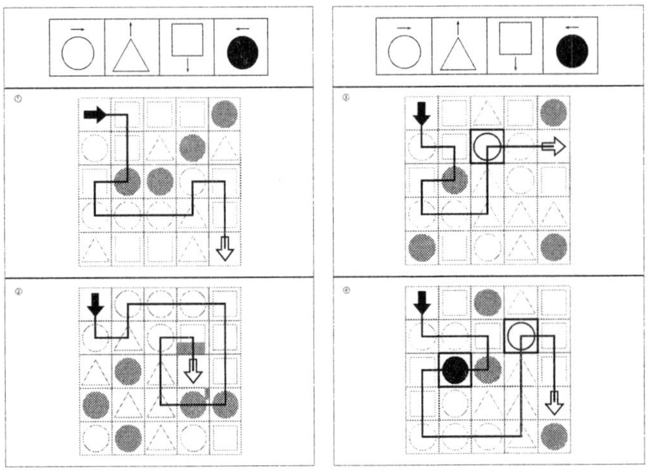

［2022年度出題］

学習のポイント

お約束通りに座標を移動させ、目的地まで行けるようにする問題です。指示をしっかりと理解し、根気強くていねいに座標の移動を行うことが大切です。①②はスタートの位置とゴールの位置、及びお約束通りの指示を正確に理解できていれば問題なく解答ができるはずです。しかし、③④には何も書かれてない四角があります。指示通りにスタートから進むだけでは解答にたどり着けません。ゴールから逆方向にたどってみるなどの工夫が必要になります。迷路などと同じで、スタートとゴールの位置からある程度どのように動くのかを推測することで、より早く解答することができるでしょう。慣れるまでは空欄のない類題でお約束通りに座標を移動させることを練習し、慣れてから空欄のある問題に取り組むとよいでしょう。

【おすすめ問題集】
Ｊｒ・ウォッチャー２「座標」、47「座標の移動」

問題21　分野：巧緻性（運筆）

〈準 備〉　色鉛筆（青）

〈問 題〉　●から■まで、灰色の部分をはみ出さないように、丁寧に線を引きましょう。

〈時 間〉　1分

〈解 答〉　省略

［2022年度出題］

学習のポイント

枠からはみ出さないように、ていねいに線を引く問題です。本問の枠は比較的広いので、難なく線を引くことができると思います。一方で、テスト本番では緊張してしまい、線がうまく引けなかったり、集中して問題に取り組めなかったりするお子さまも見受けられます。本問で問われているのは、線をどれだけきれいに引くことができるか、という点よりも、課題に取り組む姿勢などの環境点の方が大きいでしょう。試験官が見守る中でも集中し実力が発揮できるように、普段から筆記用具の使い方を練習し、しっかり線を引くことができるように準備しておきましょう。

【おすすめ問題集】
実践ゆびさきトレーニング①・②・③
Jr・ウォッチャー51「運筆①」、52「運筆②」

問題22　分野：指示の聞き取り（男子）

〈準 備〉　色鉛筆（青）

〈問 題〉　今から、口頭で指示を出します。言ったとおりに書いてください。
・さくらんぼの絵のところに、大きな□を1つ書き、□の中に△を横に3つ並べて書き、そのうち1つの△を塗りましょう。
・みかんの絵のところに、大きな□を1つ書き、その□の上に小さな○を1つ、□の下に小さな□を1つ書きましょう。
・ぶどうの絵のところに、縦に○を5つ書いて、一番上の○の左に□を1つ、一番下の○の右に△を2つ書きましょう。

〈時 間〉　各30秒

〈解 答〉　省略

［2022年度出題］

学習のポイント

口頭指示に沿って、解答用紙に記憶した記号を書き込む問題です。あまり多く出題される分野ではありません。極端に難しい指示が出るわけではないので、落ち着いて指示通り書き込みましょう。お子さまが話をしっかりと聞き、理解しようとする姿勢ができているかという点については、学習外でも確認しましょう。また、大きな記号・小さな記号、右に数個、といった上下・大小も含めた指示がありますので、一つ目の指示の時点で解答欄いっぱいに記号を書いてしまうと書ききれなくなる場合もあります。解答用紙に合ったサイズで適切な場所に書く、という点にも気をつかえるように指導しましょう。

【おすすめ問題集】

Jr・ウォッチャー20「見る記憶・聴く記憶」、ウォッチャーズアレンジ問題集①

問題23　分野：指示の聞き取り（女子）

〈準備〉　色鉛筆（青）

〈問題〉　今から、口頭で指示を出します。言ったとおりに書いてください。
- さくらんぼの絵のところに、大きな○を１つ書き、○の中に□を横に３つ並べて書き、そのうち２つの□を塗りましょう。
- みかんの絵のところに、□を１つ書き、その上に△をくっつけて書きましょう。
- ぶどうの絵のところに、横に□を５つ書いて、一番左の□の上に△を１つ、一番右の□の下に□を２つ書きましょう。

〈時間〉　各30秒

〈解答〉　省略

［2022年度出題］

学習のポイント

前問と同様に、口頭指示に沿って図形を書き込む問題です。男女での差は記号の出題順、個数のみでした。聴く記憶では、全ての指示を聞いてから解答用紙に書き込んでいくため、全体像の把握が必要になります。全体でどれくらい描くのか、スペースやサイズを把握できていないと、後でスペースが足りなくなってしまいますので注意しましょう。また、お子さまの書いている時の様子を観察すると、記憶力の確認ができます。お子さまの現在の記憶力を把握し、学習に役立てましょう。また、図形を塗る際に、無理に筆圧をかけて塗りつぶすと鉛筆の芯がすぐになくなってしまいます。適度な筆圧で塗れるように指導をしてください。

【おすすめ問題集】

Jr・ウォッチャー20「見る記憶・聴く記憶」、ウォッチャーズアレンジ問題集①

問題24　分野：知識（季節・常識）

〈準備〉　色鉛筆（青）

〈問題〉　①（24－1を渡して）同じ季節のものを見つけて、○をつけましょう。
②（24－2を渡して）上の料理と関係のあるものを下から選んで、線でつなぎましょう。

〈時間〉　各30秒

〈解答〉　下図参照

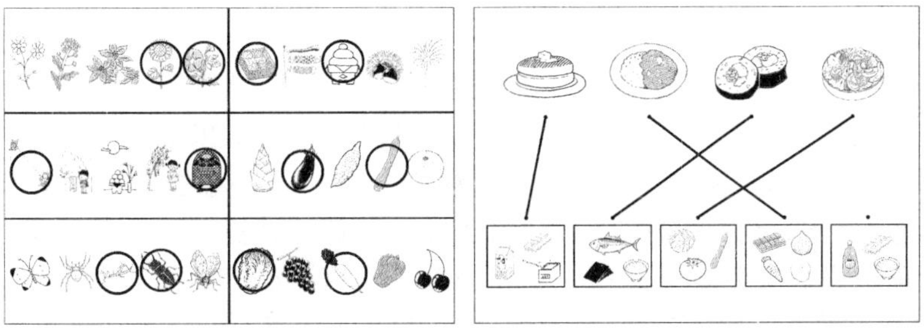

［2022年度出題］

学習のポイント

本問では日常生活にまつわる常識的知識が問われています。座学で習得できる知識には限りがあります。ぜひ実体験として季節や行事、料理の材料などの知識を身につけてください。体験するのが難しい場合でも、図鑑や動画などで、その様子を確認することができます。目で確認したうえで、そのものがどの季節に該当するかを学習してください。料理に関しては、実際にお手伝いをした経験が如実に出る問題となっています。絵を見て料理名は答えられると思いますが、材料までしっかりと把握しているでしょうか。ぜひ一緒に台所に立って、色々なことを教えてください。野菜をちぎる、分量を量る、などといった形で積極的に行動する意識や、数量などに関する能力も同時に向上させることができます。

【おすすめ問題集】
Jr・ウォッチャー27「理科①」、30「生活習慣」、34「季節」、55「理科②」

問題25　分野：図形（鏡図形）

〈準備〉　色鉛筆（青）

〈問題〉　左の絵を、鏡に映します。鏡に映した時に見える絵を、右側に書きましょう。

〈時間〉　2分

〈解答〉　省略

［2022年度出題］

学習のポイント

鏡に映した図形を横に書く、という問題です。鏡に映る図形は線対称になる、ということを理解しているかが鍵となるでしょう。実体験においてその感覚をお子さまが持っているか、という点がこの問題の理解につながります。左右の感覚がしっかりあることを確認し、鏡を見ながら左手だけ動かす、右手だけ動かす、などといった形で線対称になるということへの理解を深めてください。また、保護者の方が鏡の前に立って片方の手を動かし、お子さまがそれを真似する、という形でも十分に理解が深まります。ぜひ、色々な形で鏡に映した形の理解を深めてください。なお、図形を書き写す際は、しっかりと「どの点からどの点まで、どのような線でつなぐ」といった、図形の構成に対しての理解の深さも必要です。様々な類題を通して、慣れていくとよいでしょう。

【おすすめ問題集】
Jr・ウォッチャー8「対称」、48「鏡図形」

問題26　分野：言語（しりとり）

〈準備〉　色鉛筆（青）

〈問題〉　**この問題の絵は縦に使用してください。**
絵でしりとりをします。しりとりをして並べ替えた時、音が2つのものには○、3つのものには△、4つのものには□、5つのものには●を、下の□に書きましょう。絵は1つ使わないものが混ざっており、しりとりの始まりになる言葉の記号はあらかじめ書かれています。

〈時間〉　2分

〈解答〉　①（○→）□→○→●、②（△→）□→△→●、③（○→）△→△→●

［2022年度出題］

学習のポイント

しりとりをする問題ですが、はじめの言葉が文字数のみ指定されている状態となっており、難易度は通常のしりとりより高く設定されています。まずは全ての絵に対して、正しい名称で答えられるかどうかを確認しましょう。お子さまは言葉を覚える際に、あだ名をつけたり、そのものの特徴で認識している場合があります。正しい名称を言えるかどうか、という点については、しりとりなどの言葉あそびの設問において重要な要点になります。全ての絵が答えられたら、実際にしりとりをして４つがつながるように並べていくことになりますが、その際に初めの言葉に文字数の指定があることを忘れないようにしましょう。しりとりが完成したら、上のお約束通りに記号を書くことも忘れないようにしてください。見直しをする習慣をお子さまに教えるとより失点が少なくなります。

【おすすめ問題集】

Ｊｒ・ウォッチャー17「言葉の音遊び」、18「いろいろな言葉」、
49「しりとり」、60「言葉の音（おん）」

問題27　分野：巧緻性（制作）

〈準 備〉　はさみ・色鉛筆（青）・Ａ４サイズの白い紙

〈問 題〉　右利きのお子さまには27－１の用紙を、左利きのお子さまには27－２の用紙を渡してください。
①線をはみ出さないように、はさみで星まで切りましょう。途中、●の部分では、紙の向きを変えましょう。切り終わったら、はさみを片付け、切ったプリントを元のように戻して、静かに待ちましょう。
②白い紙に、色鉛筆で自由に絵を描きましょう。いっぱいになったら、裏に描いてください。

〈時 間〉　適宜

〈解 答〉　省略

［2022年度出題］

学習のポイント

線に沿ってはさみで切り取る問題です。湾曲していたり、角があったりと形状としては少し複雑ですが、線の太さは一定の幅があり、切り取るという行為においては難しくないでしょう。落ち着いて指示を聞き、紙の方向を回転させて切る部分などにも注意しましょう。なお、当校ではハサミを使う問題において利き手に合わせて問題を反転したものを使用しますが、他校においてこのような配慮はあまり見受けられません。当校を受験される際は問題ないのですが、左利きのお子さまは、他校の入試において逆利きのハサミを使用することもあります。右利きのハサミで切ることができるように、慣れておくとよいでしょう。

【おすすめ問題集】

実践ゆびさきトレーニング①・②・③、Ｊｒ・ウォッチャー23「切る・貼る・塗る」

問題28 分野：口頭試問（女子）

〈準 備〉 結び目が作れる紐

〈問 題〉 ①遊び道具がないときに、どうやって遊びますか。
②(28－１を見せながら)この絵を見て、どう思いますか。たくさん言ってください。
③(紐と28－２を渡して)この紐の両端を、見本の絵のように結びましょう。できたら先生に渡してください。途中でも「やめ」と言われたら、先生に渡してください。

〈時 間〉 適宜

〈解 答〉 省略

［2022年度出題］

学習のポイント

口頭試問と巧緻性を複合させた問題の出題が多く見られます。普段の生活や、お子さまの考えを自分の口でしっかりと話せていれば、問題なく答えることができるでしょう。自分の意見をはっきりと述べる機会をつくり、積極的に物事を考えて発表する習慣をつけておきましょう。その際、目を見て、大きな声で発言できているかも確認してください。ひもを結ぶ問題に関しても、難しい内容ではありません。緊張しすぎずに、普段通りの自分を見せることができるかが、問題のポイントとなるでしょう。普段からあやとりなどのひもを使う遊びを取り入れるなど、ひもの扱いに慣れておくことも大切です。

【おすすめ問題集】
新 口頭試問・個別テスト問題集、新ノンペーパーテスト問題集、面接テスト問題集
Ｊｒ・ウォッチャー25「生活巧緻性」

問題29 分野：口頭試問（男子）

〈準 備〉 弁当箱、ナフキン

〈問 題〉 ①(29－１を見せながら)この絵を見て、どう思いますか。たくさん言ってください。
②(29－２を見せながら)これらのものを使って、どうやって遊びたいですか。
③(弁当箱とナフキン、29－３を渡して)見本の絵のように、ナフキンでお弁当を包んでください。途中でも「やめ」と言われたら、先生に渡してください。

〈時 間〉 適宜

〈解 答〉 省略

［2022年度出題］

学習のポイント

前問同様、口頭試問の基本的なことができていれば問題なく解答することが可能でしょう。しかし、②のような、木の実と木の葉で何ができるか、という質問に対して、日頃どのように遊んでいるかで解答が変化すると思いますが、現在、外遊びをするお子さまが減っているといわれており、差がつく問題と考えられます。そのため、普段から自然の中で遊ぶ機会を作り慣れ親しんでおくことをおすすめいたします。また、弁当箱を包んで結ぶ、という巧緻性を問われる問題に関しては、幼稚園の遠足などでお弁当を開けたことがあれば、同じようなものを作ることはできるでしょう。自分の弁当箱を包む、などといった家庭でのお手伝いの一環として学習させるとよいでしょう。

【おすすめ問題集】
新 口頭試問・個別テスト問題集、新ノンペーパーテスト問題集、面接テスト問題集
Ｊｒ・ウォッチャー25「生活巧緻性」

問題30　分野：行動観察（運動・集団行動）

〈準備〉　箱に入ったドミノ（適量）、ボール（１個）、リング（２個）かご

〈問題〉　①３～４人１組、３グループでドミノ作りをします。まず、ドミノをグループごとに並べます。並べている途中でドミノが倒れても、気にしないでそこから作ってください。終わりの合図で、並べるのをやめて、グループの誰かがドミノを倒してください。倒したら、ドミノが入っていた箱に戻して片付けてください。

②**この問題は絵を参考にしてください。**
これから２チームで競争をします。一番の人は、リングに入って待っていてください。合図が鳴ったら、まず先生がボールを投げるので、キャッチしてください。キャッチしたら、ボールを持ったまま、ケンパ・ケンパ・ケンケンパをします。前の人がケンパをし始めたら、次の人はリングに入って待っていてください。
ケンパが終わったところでボールをかごに向かって投げてください。ボールがかごに入ったら、ボールを拾ってリングのところまで行き、先生がしたように次の人にボールを投げてください。かごに入らなかったら、あと一回だけ投げて、それでも入らなかった場合は、ボールを持ってリングのところまで行き、次の人にボールを投げてください。
終わったら、ベンチに座って待ちましょう。最後の人は、先生にボールを投げてください。早く全員がベンチに着いたチームが勝ちとなります。

〈時間〉　適宜

〈解答〉　省略

［2022年度出題］

学習のポイント

運動や集団行動において、採点対象となるのは協調性と積極性です。お子さま自身に得意・不得意があるのは前提として、お友だち同士で声をかけあって課題に挑戦できるか、という点がまず第一になっています。幼稚園や保育園などで日頃からどのように生活をしているのか、お子さまの行動・考え方などを保護者の方は知ることが大切です。また、指示をしっかり聞けているか、という点も非常に重要視されています。楽しく課題に取り組む姿勢は評価されますが、楽しくなりすぎて指示が聞けない、などの態度をとってしまわないように気をつけてください。

【おすすめ問題集】
新 運動テスト問題集、Ｊｒ・ウォッチャー28「運動」、29「行動観察」

問題31　分野：巧緻性

〈準 備〉　色鉛筆（青）

〈問 題〉　それぞれの絵を、線からはみ出さないように色を塗ってください。

〈時 間〉　１分30秒

〈解 答〉　省略

[2021年度出題]

学習のポイント

枠からはみ出さないように、ていねいに色を塗らなくてはなりません。色を塗る対象は、大きな部分もあれば、細かな部分もあります。特に細かな部分をはみ出さずに塗るのは、普段からぬり絵に親しんでいないお子さまにとっては難しい課題でしょう。また、ペンの正しい持ち方や線の強弱は、ていねいに影響してきます。筆記具の正しい持ち方について身につけておきましょう。３つの絵すべてを塗りきることやきれいに塗ることももちろん大切ですが、課題にどれだけ集中し、どれだけていねいに行えているかも観られていると思ってください。テスト本番では緊張してしまいます。そんな中でも集中し実力が発揮できるように、普段から準備しておきましょう。

【おすすめ問題集】
実践ゆびさきトレーニング①・②・③、Ｊｒ・ウォッチャー23「切る・貼る・塗る」

問題32　分野：数量（数える）

〈準備〉　色鉛筆（青）

〈問題〉　**この問題の絵は縦に使用してください。**
真ん中の四角に書いてあるものと同じものを、左の四角から数えて、右の四角にその数だけ○を書いてください。

〈時間〉　各10秒

〈解答〉　①カギ：4　カサ：2　②△：2　5角形：1
③○：10　△：8

［2021年度出題］

学習のポイント

10以下の数を数える基本的な問題です。落ち着いて1つひとつ数えれば確実に解答できるでしょう。中でも物を数える問題では、お子さまは一瞬でいくつあるか見極められると思います。もしなかなか数が把握できないようでしたら、練習する際にはおはじきなどの実物を用いて練習し、数の概念を身に付けるところから始めるとよいでしょう。図形の問題は、同じものを探す問題です。大小や形の違いに惑わされずに同じ物を見つけられるよう、集中して取り組みましょう。

【おすすめ問題集】
Ｊｒ・ウォッチャー14「数える」

問題33　分野：推理（座標の移動）

〈準備〉　色鉛筆（青）

〈問題〉　太線の丸の中に描いてある生きものが、それぞれ矢印の方向に、矢印の数ずつ進みます。どこで出会いますか。○をつけてください。

〈時間〉　各20秒

〈解答〉　下図参照

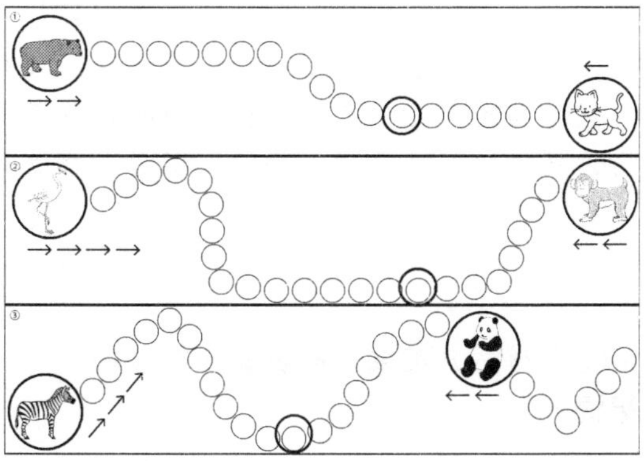

［2021年度出題］

学習のポイント

２方向からの移動の問題です。しかも、１回に進むマスが違います。その点をしっかりと理解して対応しましょう。また、それだけではなく、進むマス目を数えると10以上の数にもなるため、数を足したり引いたりするといった、数に対する理解も必要になってきます。１つひとつを数えても答えは出ますが、テストでは時間内に解答することも大切です。素早く正確に解答するために、数えることや計算することに対する感覚を身に付けたほうがよいでしょう。また、どの方向にいくつ進むかは問題によってバラバラです。まずは指示を正確に聞くことから始めてください。

【おすすめ問題集】

Ｊｒ・ウォッチャー31「推理思考」、47「座標の移動」、

問題34　分野：お話の記憶（男子）

〈準備〉　色鉛筆（青）

〈問題〉　お母さんとはるさんは、スーパーへ買い物に行きました。今日は晩ごはんにカレーを作るので、カレーのルーとジャガイモとニンジン、タマネギ、リンゴを買いました。買い物をしている途中にお友だちに会いました。お友だちはお菓子とバナナを買っていました。

①はるさんの今日の晩ごはんは、何ですか。○をつけてください。
②お友だちは、何を買っていましたか。○をつけてください。
③はるさんは、何を買いましたか。○をつけてください。

〈時間〉　各15秒

〈解答〉　①カレー　②お菓子、バナナ　③ジャガイモ、ニンジン、タマネギ

［2021年度出題］

学習のポイント

お話の記憶は、一昨年度より当校で出題されるようになった分野です。昨年、一昨年度との違いは、男女で出題が異なるという点と、話の長さが150字弱と短くなった点です。話の内容はどちらとも日常生活を扱ったもので、特に難しいものではありません。男子の問題では女の子が主人公、女子の問題では男の子が主人公という点が異なります。自分と違う性別の主人公には感情移入しにくいという意味ではちょっと変な感じがするかもしれませんが、質問される内容は基本的なものばかりですので、集中してお話を聞くようにしましょう。

【おすすめ問題集】

１話５分の読み聞かせお話集①・②、お話の記憶　初級編・中級編
Ｊｒ・ウォッチャー19「お話の記憶」

問題35　分野：お話の記憶（女子）

〈準 備〉　色鉛筆（青）

〈問 題〉　たかし君は、お友だちと公園へ遊びに行きました。はじめにブランコ、次にシーソーで遊びました。その後、たかし君はおやつにアメとドーナツを食べました。おやつを食べた後、たかし君は友だちと一緒に、砂場で山を作って遊びました。たかし君は、シーソーが、友だちは砂場で遊ぶのが気に入りました。
①たかし君と友だちが遊ばなかったものはどれですか。○をつけてください。
②たかし君はおやつで何を食べましたか。○をつけてください。
③友だちが気に入った遊びは何ですか。○をつけてください。

〈時 間〉　各15秒

〈解 答〉　①鉄棒、ジャングルジム　②アメ、ドーナツ　③砂場

［2022年度出題］

学習のポイント

女子の問題です。男子と同様150字弱という短いお話で、日常生活に即したわかりやすい内容です。女のお子さまの中には、公園の遊具には馴染みのない方もいらっしゃるかもしれません。しかし、小学校に入学すれば男女問わずコミュニケーションを取りますし、学内の遊具で遊ぶ機会も増えてきます。日頃から公園や同じ年頃のお子さまが集まる場所で遊べば、身近な物の名前を覚えていくでしょう。短いお話だからこそ、お話の細部にまで目が向けられることが必要です。お話の内容が覚えられていないようであれば、何度もくり返して読み聞かせましょう。

【おすすめ問題集】
1話5分の読み聞かせお話集①・②、お話の記憶　初級編・中級編
Ｊｒ・ウォッチャー19「お話の記憶」

問題36　分野：複合（常識・推理）

〈準 備〉　色鉛筆（青）

〈問 題〉　この問題の絵は縦に使用してください。
空いている四角に入るものを、右の絵から選んで、○をつけてください。

〈時 間〉　各15秒

〈解 答〉　①キク　②テントウムシ　③カキ

［2021年度出題］

学習のポイント

「季節」に関する知識を問う常識の問題は、当校の入試における頻出分野の１つです。小学校受験の常識に必要な知識は、日々の生活や身近な遊びの中でお子さま自身が学習し、身に付けていくべき知識です。しかし、昨今の住環境の変化や温暖化などで、動植物を通して季節を感じることが少なくなっていると言われますから、問題集を解いてばかりいると実感のないまま知識を蓄えることになり、これから先の生活に役立つような「常識」となるかは微妙なところでしょう。道端の昆虫や花に目を向けたり、旬の食材を取り入れたりするなどして意識的に学んでください。なお、地域が違ったり、環境の変化によって、花の開花時期や、虫がよく見られる時期が変化しています。小学校受験の季節感と一般的なそれでは感覚的に異なっている場合があります。注意しておいてください。

【おすすめ問題集】

Ｊｒ・ウォッチャー34「季節」

問題37　分野：推理（置き換え）

〈準備〉　色鉛筆（青）

〈問題〉　この問題の絵は縦に使用してください。
上の段に書いてあるのはお約束です。左の四角に書いてあるものが、右の四角のように変わります。それぞれの段の左の四角のものは、どのように変わりますか。右の四角に書いてください。

〈時間〉　各30秒

〈解答〉　下図参照

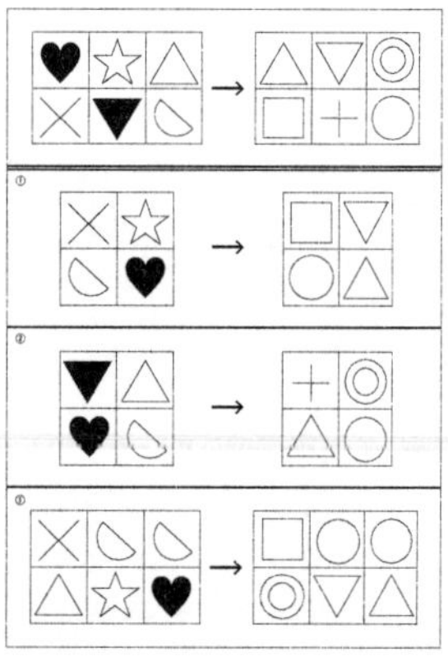

[2021年度出題]

学習のポイント

記号を別の記号で表す「置き換え」の問題です。全部で６種類の記号を置き換えるだけですから複雑なものではありません。落ち着いて取り組めば大丈夫でしょう。お手本の指示を全部覚えてから取り組むのもいいですが、お子さまの性格や理解度に合わせて解き方を変えてみるといいでしょう。マス目の中に記号を書くため、はみ出さないようにていねいに書けるかも観られています。それぞれの記号の頂点は、しっかりと書くように指導してください。記号が判別しづらいのはよくありません

【おすすめ問題集】

Ｊｒ・ウォッチャー57「置き換え」

問題38　分野：推理（座標の移動）

〈準　備〉　色鉛筆（青）

〈問　題〉　**この問題の絵は縦に使用してください。**
黒い矢印からスタートして、１番上の四角のお約束のように進みます。①②は、白い矢印のゴールまで、線を引いてください。③④では、白い矢印のゴールまで線を引きますが、途中太い線の四角の中には、当てはまる印を書いてください。

〈時　間〉　各30秒

〈解　答〉　下図参照

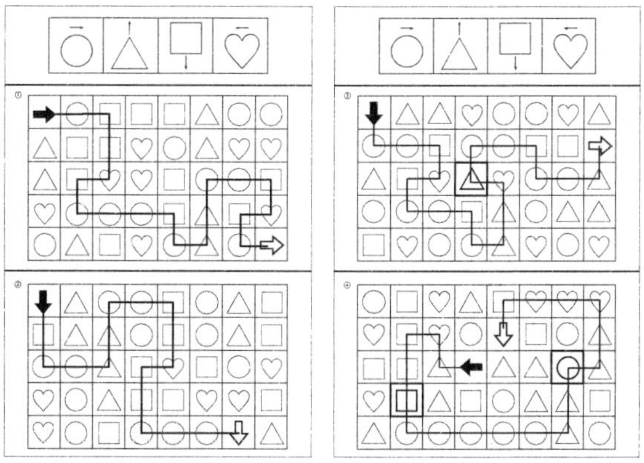

［2021年度出題］

学習のポイント

座標の移動の問題です。指示をしっかりと理解し、根気強く１つひとつていねいに行うことが大切です。①はスタートの位置とゴールの位置を正確に把握できていれば難しくはないでしょう。しかし、②には何も書かれていないマスがあります。指示通りにスタートから進むだけではなく、ゴールから逆方向にたどってみるなど、工夫をして解かなければなりません。座標の移動は、実生活ではなかなか体験できないものばかりですので、練習ではさまざまな問題に触れることで、視野を広げていくようにしましょう。

【おすすめ問題集】

Ｊｒ・ウォッチャー２「座標」、47「座標の移動」

問題39　分野：常識（理科）

〈準備〉　色鉛筆（青）

〈問題〉　**この問題の絵は縦に使用してください。**
①②③
コップに水が入っています。絵に描いてあるように絵の具を溶かした時、２番目に色が濃くなるのはどれでしょう。それぞれの段で答えてください。
④⑤⑥
コップに水が入っています。絵に描いてあるように砂糖を溶かした時、２番目に甘くなるのはどれでしょう。それぞれの段で答えてください。

〈時間〉　各20秒

〈解答〉　①右端　②右端　③真ん中　④右から２番目　⑤右から２番目　⑥真ん中

［2021年度出題］

学習のポイント

知識の分野、中でも理科の問題は当校で頻出の分野です。図鑑や映像から学べる知識だけではなく、本問のように、生活に根付いた知識が問われることも特徴です。本問は濃度を問う問題ですが、「２番目」という指示を聞き逃してしまうと、解答を間違えてしまうかもしれません。注意してください。この問題のような「～の濃さ」といった知識は理屈を学習するというより、日々の体験から理解していくものです。経験があれば１つひとつの問題はじっくり考えればさほど難しくはありません。保護者の方は日々の生活の中でお子さまにさまざまな体験をしてもらい、興味を持てるようにしてあげてください。

【おすすめ問題集】
Ｊｒ・ウォッチャー27「理科」、55「理科②」

問題40　分野：巧緻性（運筆）

〈準備〉　色鉛筆（青）

〈問題〉　○から△まで線を引いてください。その時、他の絵と同じ線の引き方をしてはいけません。また、線が中や外の四角にあたってはいけません。

〈時間〉　３分

〈解答〉　省略

［2021年度出題］

学習のポイント

運筆の問題です。筆記用具の使い方や持ち方、正しい姿勢を最初に覚えておくことが大切です。本問では、よりたくさん書くことももちろん大切ですが、同じ線の引き方をしない、中や外の四角にあたってはいけないなど、指示を正確に理解し、ていねいに取り組むことも大切です。急いだり焦ったりするとその感情が線に出ます。気持ちを落ち着けて、ていねいに線をひくようにしましょう。

【おすすめ問題集】
Ｊｒ・ウォッチャー51「運筆①」、52「運筆②」」

問題41　分野：巧緻性（制作）

〈準 備〉 色鉛筆（青）、Ａ４サイズの紙
外枠を切り取っておく。

〈問 題〉 ①上の〇から、下の〇まで、線にぶつからないようにちぎって、２枚にしてください。
②自由に絵を描いてください。描くところがなくなったら、裏に描いてもいいです。

〈時 間〉 適宜

〈解 答〉 省略

［2021年度出題］

学習のポイント

①の問題は手で紙をちぎっていく問題です。まず、ちぎるのと破くのは違います。また、一気に紙をちぎると失敗してしまうので、両手を上手に使い、ていねいに取り組むようにしてください。お子さまにとって、細かく線の周りをちぎるのは大変難しいことです。どのような紙でも上手にちぎれるように練習が必要です。２枚にするということは、途中のどこかで切り離す必要があるということです。②の自由画は課題画と異なりテーマがありません。あれも描こう、これも描こうと迷っていると、時間内に描ききれないかもしれません。そういった傾向のあるお子さまなら、「自由画ならコレを描く」と、あらかじめテーマを決めておくのも１つの手です。例えば、「幼稚園で遊んだ時の絵」や「お母さんが作ってくれた料理の絵」など、実際にあったこと、経験したことをテーマにするのです。

【おすすめ問題集】
実践ゆびさきトレーニング①・②・③、Ｊｒ・ウォッチャー23「切る・貼る・塗る」

問題42　分野：複合（巧緻性・口頭試問）

〈準備〉　おはじき（８個）、ピンポン玉（４個）、皿（２枚）、箸

〈問題〉　**この問題の絵はありません。**

（口頭試問・男子）

・知っている鳥を、３つ言ってください。その中で、どの鳥が一番好きですか。それはどうしてですか。

・今からするお話を、同じように言ってください。
「キツネが３匹、山に行ってブドウをとり、肩を組んで楽しそうに帰ってきました」

（箸使い・男子）

・お皿に入っているおはじきを、「やめ」の合図まで、できるだけたくさん、別のお皿に箸で移してください。

・どうすればもっと上手くできると思いますか。

（口頭試問・女子）

・知っている乗り物を、３つ言ってください。その中で、どの乗り物が１番好きですか。それはどうしてですか。

・今からするお話を、同じように言ってください。
「キツネが３匹、山に行ってブドウを採り、肩を組んで楽しそうに帰ってきました」

（箸使い・女子）

・お皿に入っているピンポン玉を、「やめ」の合図まで、できるだけたくさん、別のお皿に箸で移してください。

・どうすればもっと上手くできると思いますか。

〈時間〉　適宜

〈解答〉　省略

［2021年度出題］

学習のポイント

口頭試問は男子と女子に分かれていますが、難易度に差はありません。面接に際して、名前、家族、幼稚園、受験する学校についてなど基本的な事柄をきちんと答えられるようにしておいてください。当校の口頭試問では、答えに対して「どうしてですか」と聞かれます。そうした追加の質問がありそうな場合には、理由まで答えられるように準備しておくといいでしょう。参考までに、過去の面接では、大切な人、お父さん（お母さん）を好きな理由、好きな絵本の名前、好きなスポーツ、宝物についてなどが質問されています。確認しておいてください。箸使いでは、正しく箸が持てているかが観られます。男子がおはじき、女子がピンポン玉と、つかむものの大きさに違いはありますが、どちらも滑りやすいものなので、練習が必要かもしれません。

【おすすめ問題集】

面接テスト問題集、小学校の入試面接Ｑ＆Ａ、新 口頭試問・個別テスト問題集

問題43　分野：運動

〈準備〉　ボール（適量）、かご（4個）、マット

〈問題〉　この問題は絵を参考にしてください。

（男子）

①3人1組、2グループで玉入れをします。マットの上から、自分のチームのカゴに、ボールを投げて入れてください。投げ方は自由です。ボールは後ろのカゴから、1人2個取ってきましょう。「始め」の合図でボールを投げて、投げ終わったら、また後ろのカゴからボールを持ってきて投げてください。床に落ちているボールは拾わないでください。これを、「やめ」と言われるまで続けてください。

（結果発表の後）

落ちているボールを箱に戻してください。戻し終わったら、最初に座っていた場所に戻って、三角座りをして待っていてください。

（女子）

②これから曲（ちびまる子ちゃん「踊るポンポコリン」）に合わせて踊ります。まずは、テレビモニターでお手本を見ましょう。次に、テレビモニターを見ながら、お手本の通りに踊ってください。踊る時は四角のマットの中で踊ってください。待つ人は後ろを向いて三角座りをして待っていてください。

〈時間〉　適宜

〈解答〉　省略

［2021年度出題］

学習のポイント

①は男子、②は女子が行う課題です。両方の課題に共通するのは、まず指示をしっかり聞くということと、その指示に従って行動するということです。もちろん、終わった後静かに座って待っていられるか、なども評価の対象になりますので注意しましょう。①の課題はグループ活動なので、積極性と協調性が観点です。自分だけがボールを投げるのではなく、順番にみんなで行えるような協調性と積極性を見せましょう。②の課題は協調性が観点です。自分のことばかりではなく、他人のことにも気を配りましょう。

【おすすめ問題集】

新 運動テスト問題集、Ｊｒ・ウォッチャー28「運動」、29「行動観察」

問題44　分野：複合（行動観察・制作）

〈準備〉　磁石、白い板、かご、机、家のイラスト２枚
かごに磁石を入れておく。
問題44の絵を参考にして、家のイラストを用意する。

〈問題〉　この問題は絵を参考にしてください。
この問題の絵は縦に使用してください。
（４人グループで）
今から磁石でお家を作ります。お手本を見ながら作っても、自由に作っても、どちらでもよいです。グループでどのようなお家を作るか相談して、決まったら、白い板に磁石をつけて、作り始めてください。「やめてください」と言われたら、磁石を入っていたかごに片付けてください。片付けが終わったら、始めに座っていた場所に戻り、三角座りをして待っていてください。

〈時間〉　15分

〈解答〉　省略

［2021年度出題］

学習のポイント

グループで何かを作る課題も協調性が観点です。上手に制作できるかはさほど問題ではありません。指示をよく聞き、それに従い行動することはもちろんですが、それ以上に協調性がカギになってきます。自分勝手に進めるのではなく、他の子とよく話し合い、自分の意見をしっかり伝えるとともに、人の意見もしっかり聞くようにしましょう。自分の意見を押し通すあまり、ほかの子を仲間外れにしてはいけません。日々の生活で、協調性や他者を尊重するマナーを身につけるようにさせることです。

【おすすめ問題集】
Ｊｒ・ウォッチャー29「行動観察」

問題 1

①

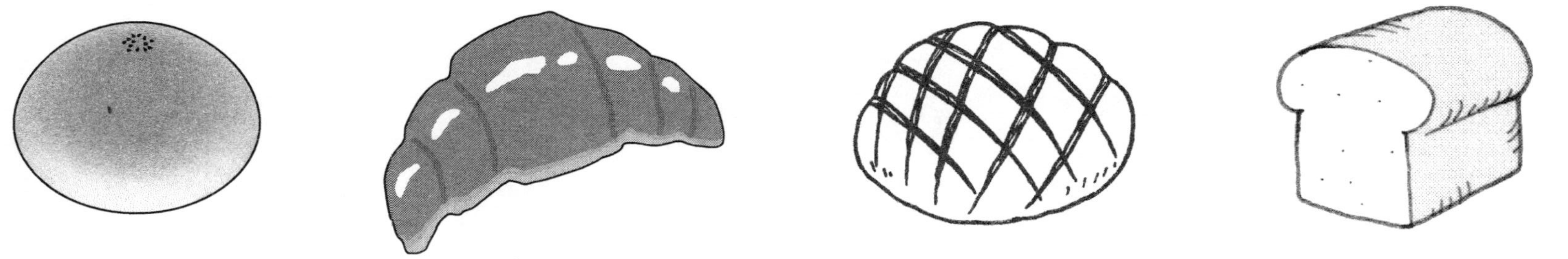

②

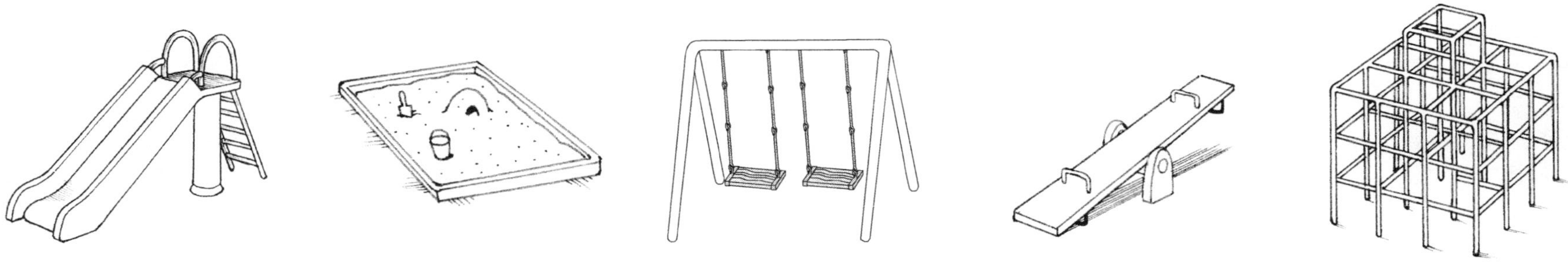

③

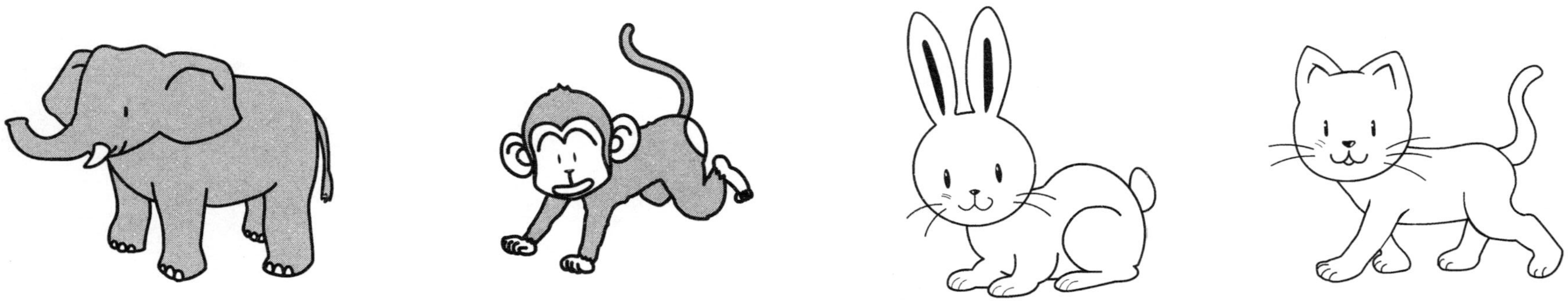

問題2

①

②

③

問題3

問題 4

日本学習図書株式会社

問題5

①

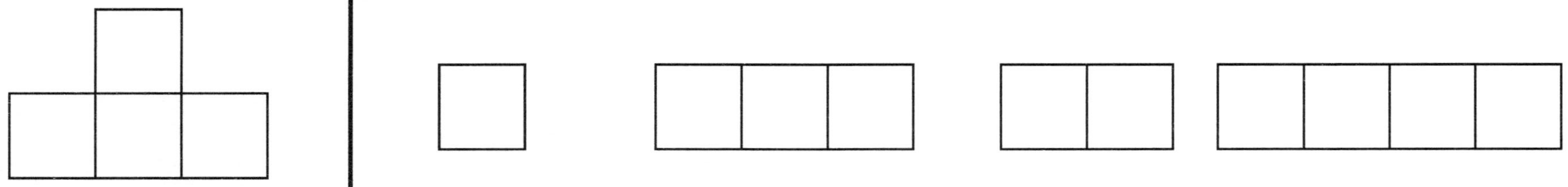

②

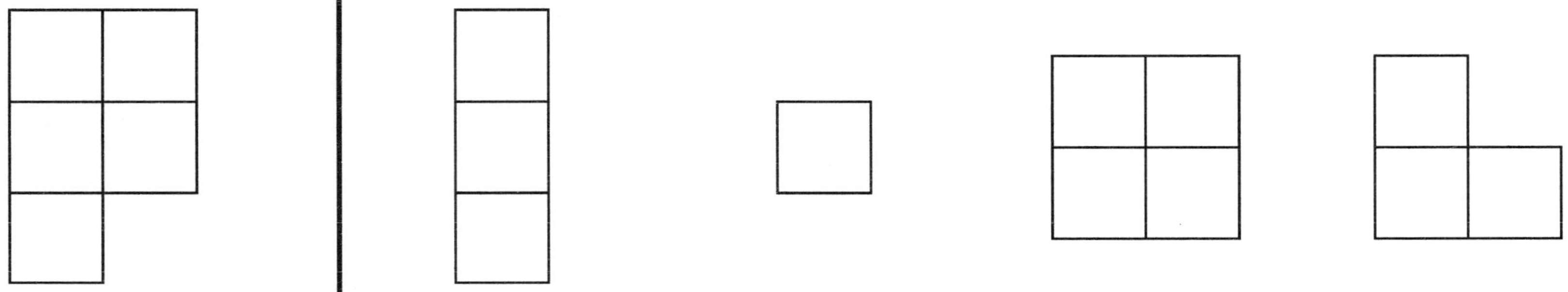

③

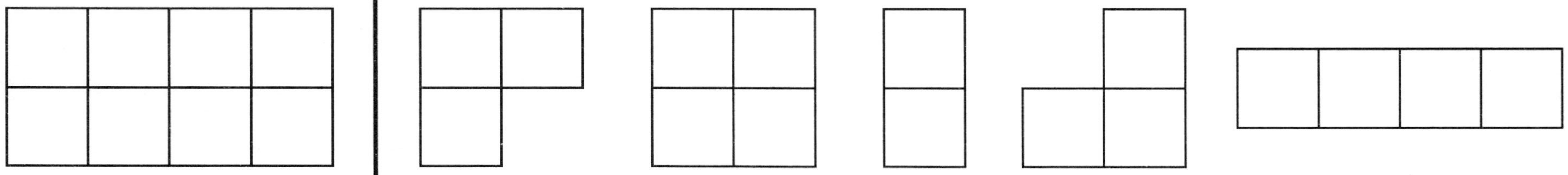

問題 6

①

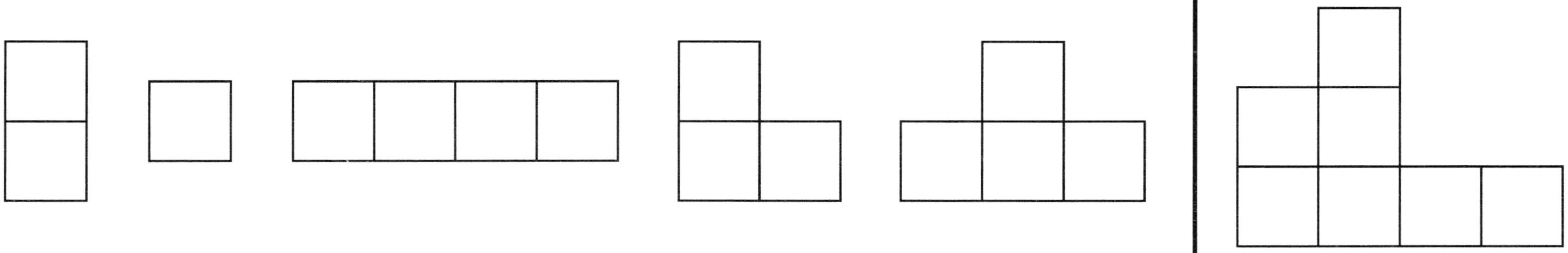

②

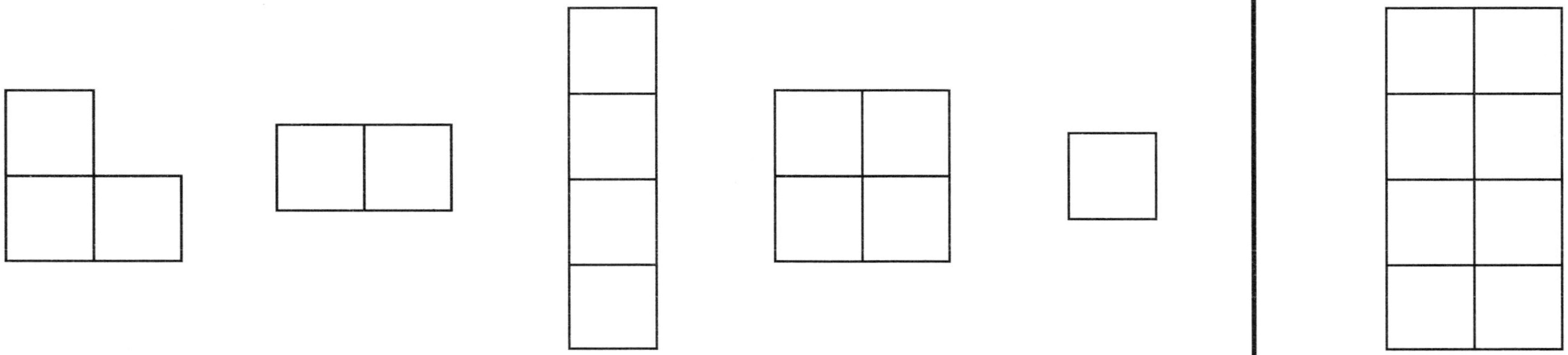

③

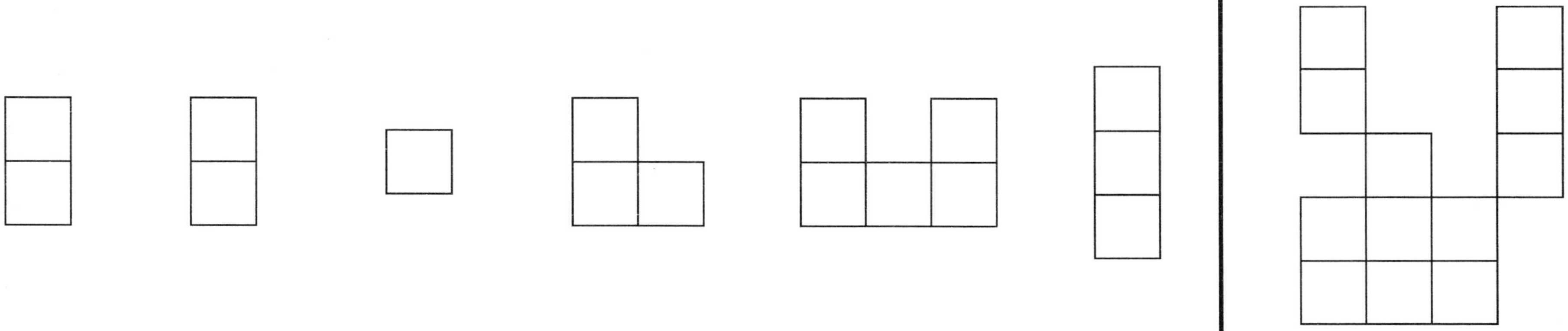

問題 7

①

②

問題8

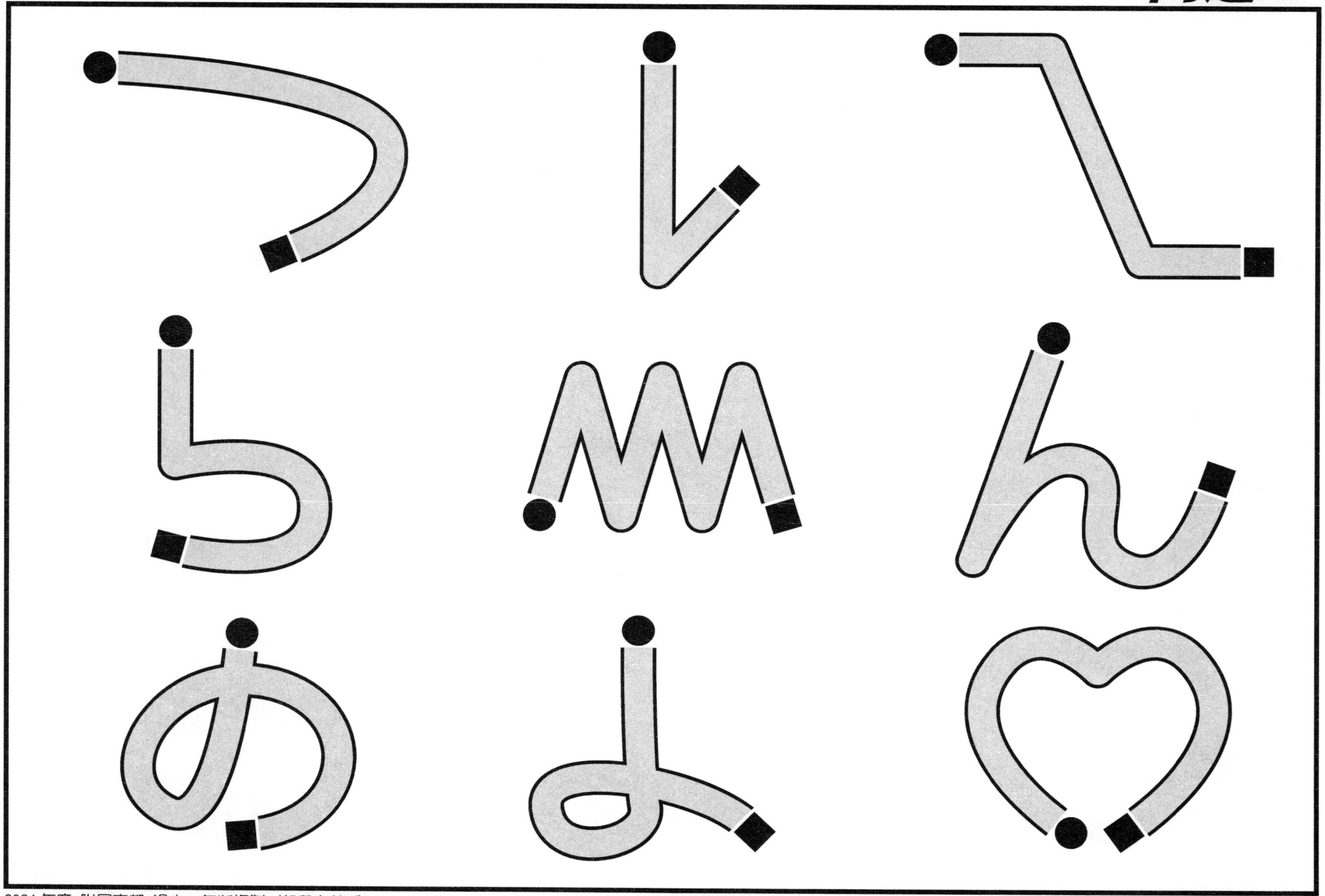

問題9－1

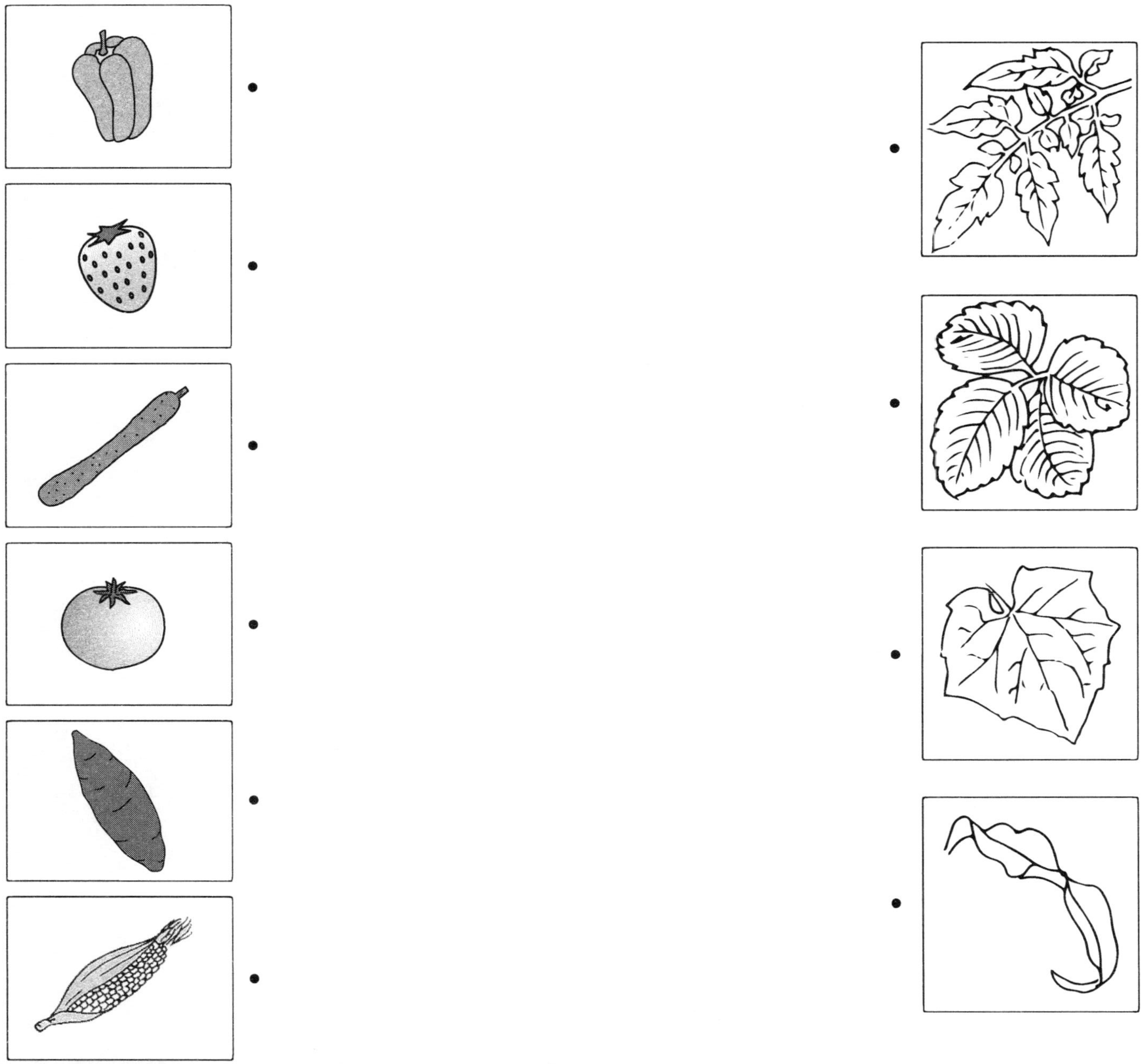

問題 9 - 2

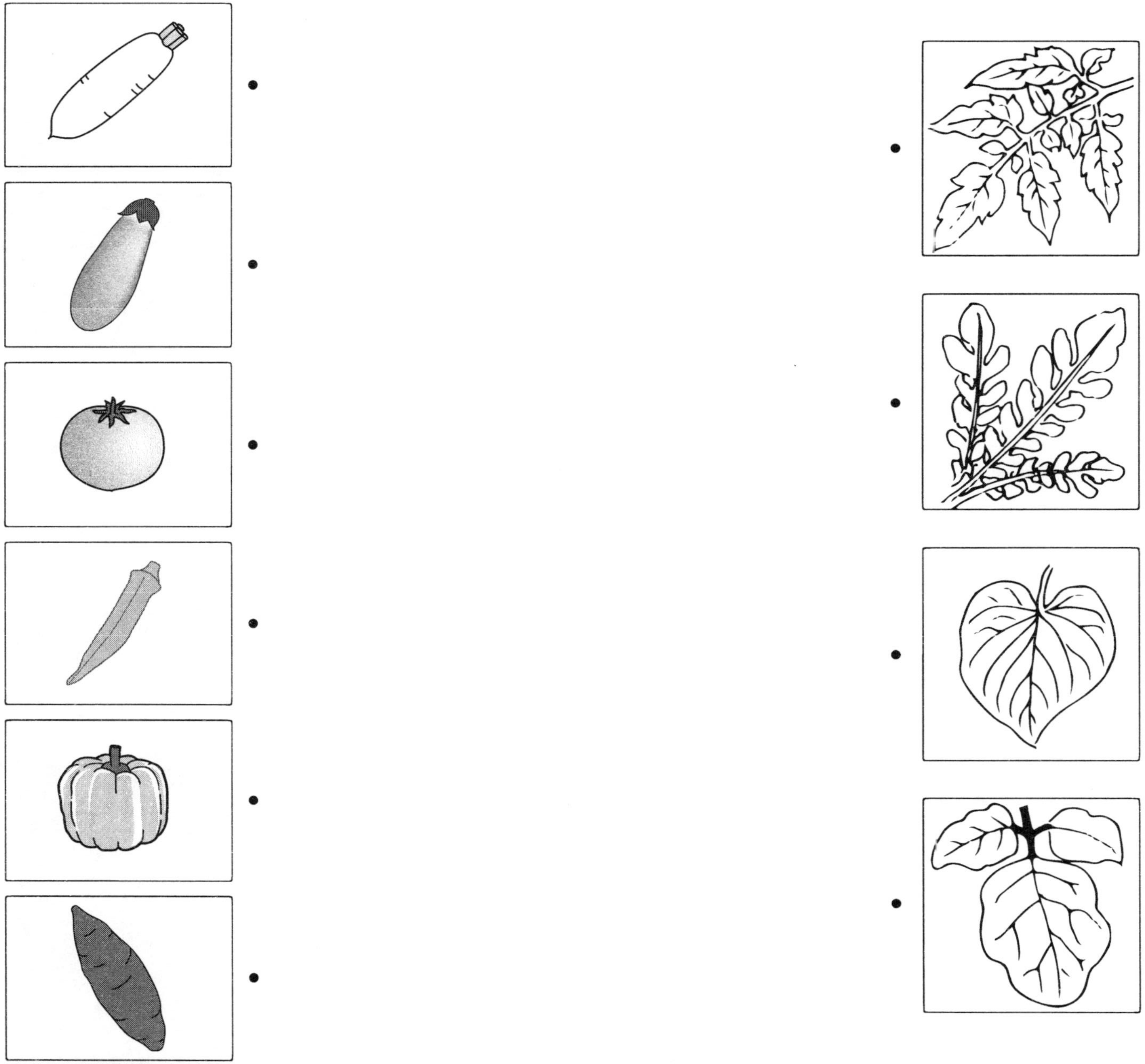

問題１０

①

②

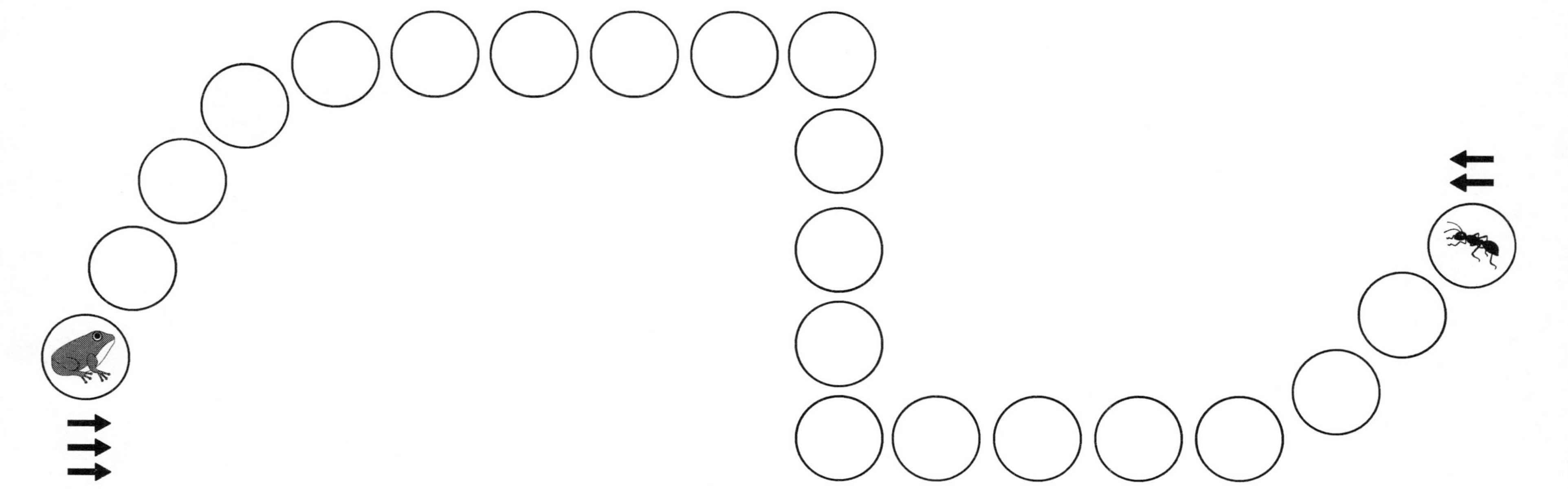

問題11

①

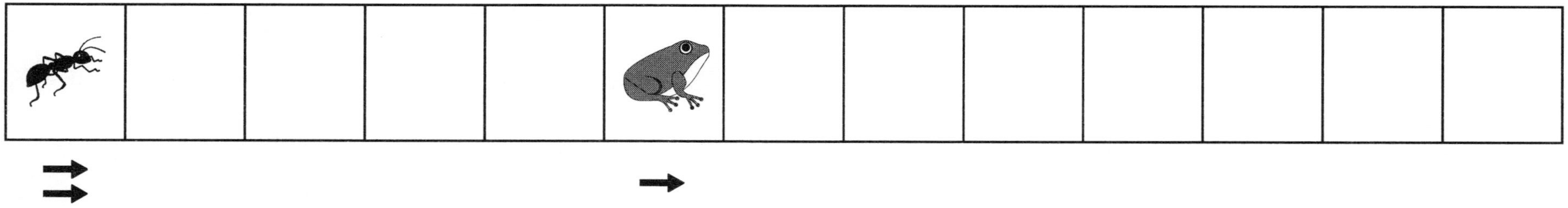

②

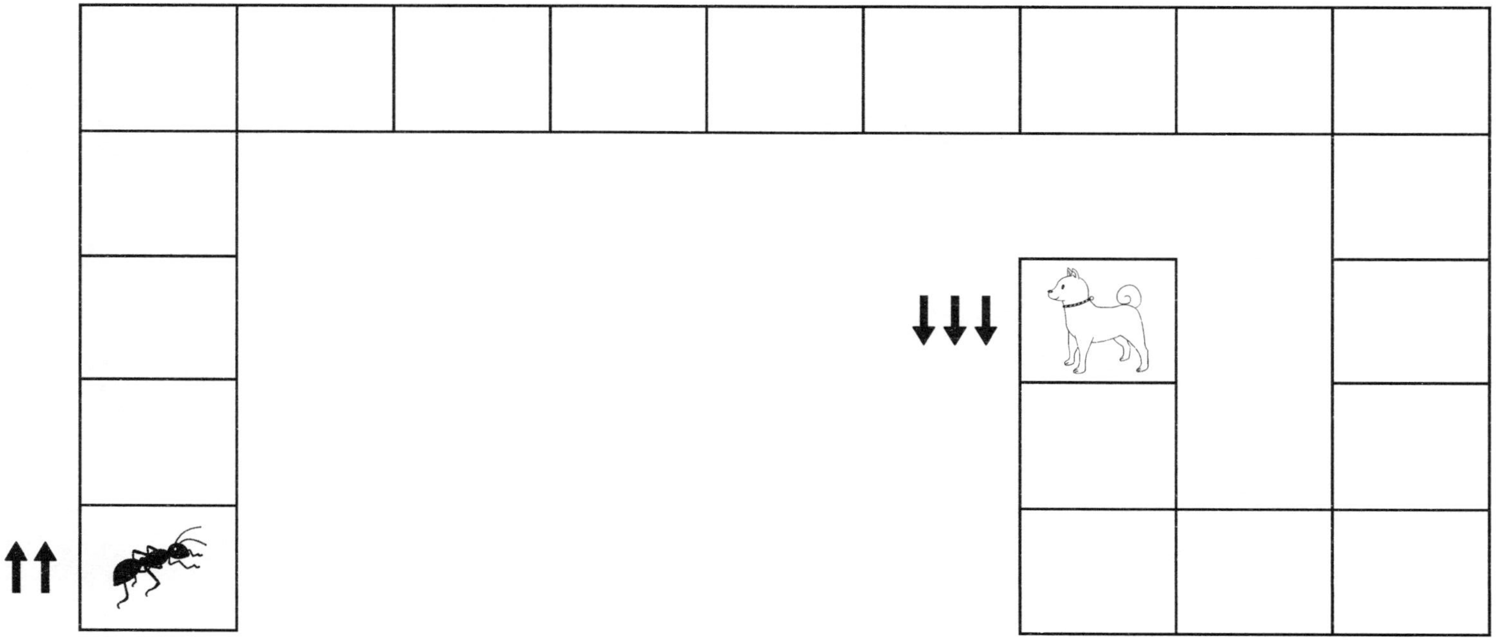

問題12

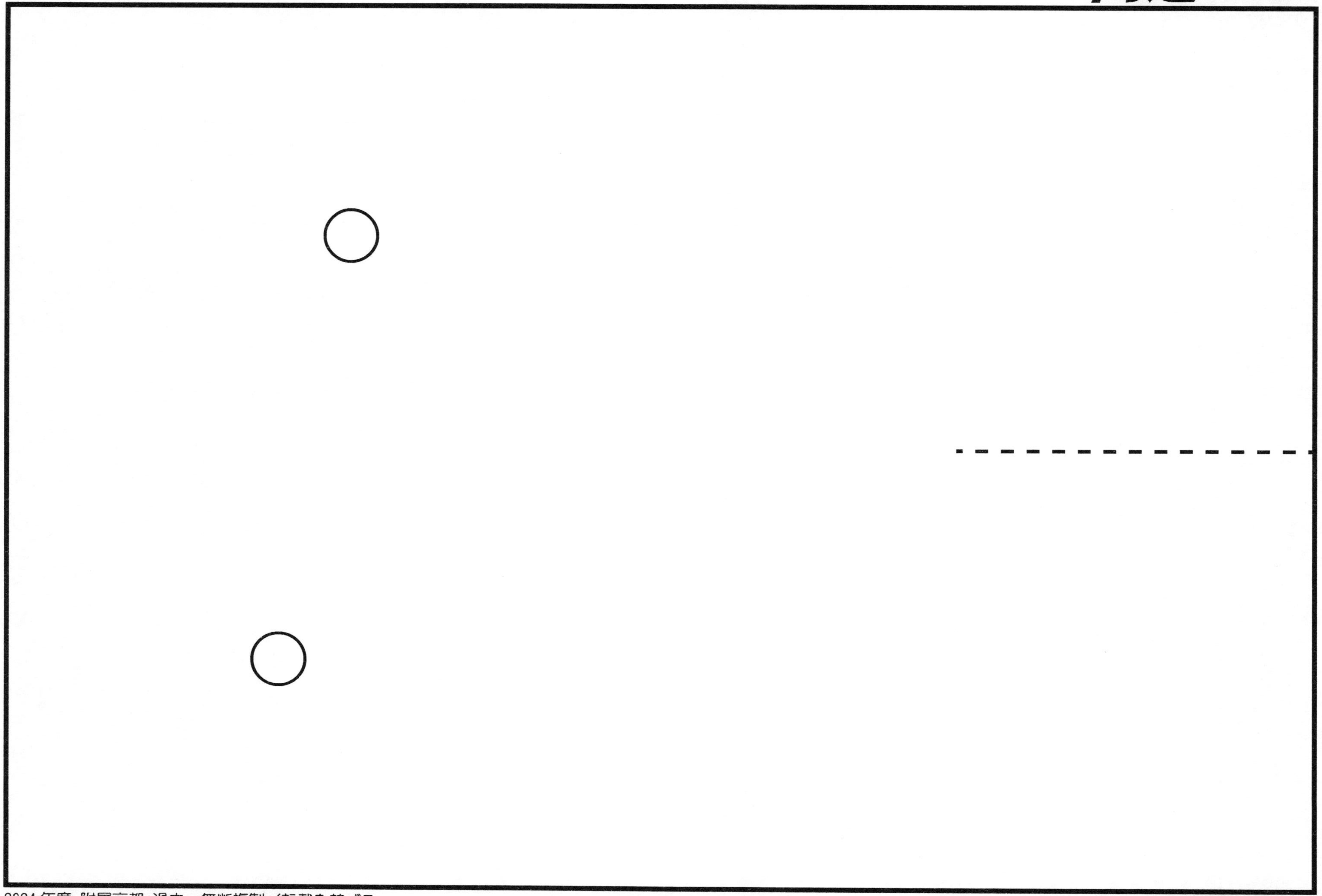

問題１９

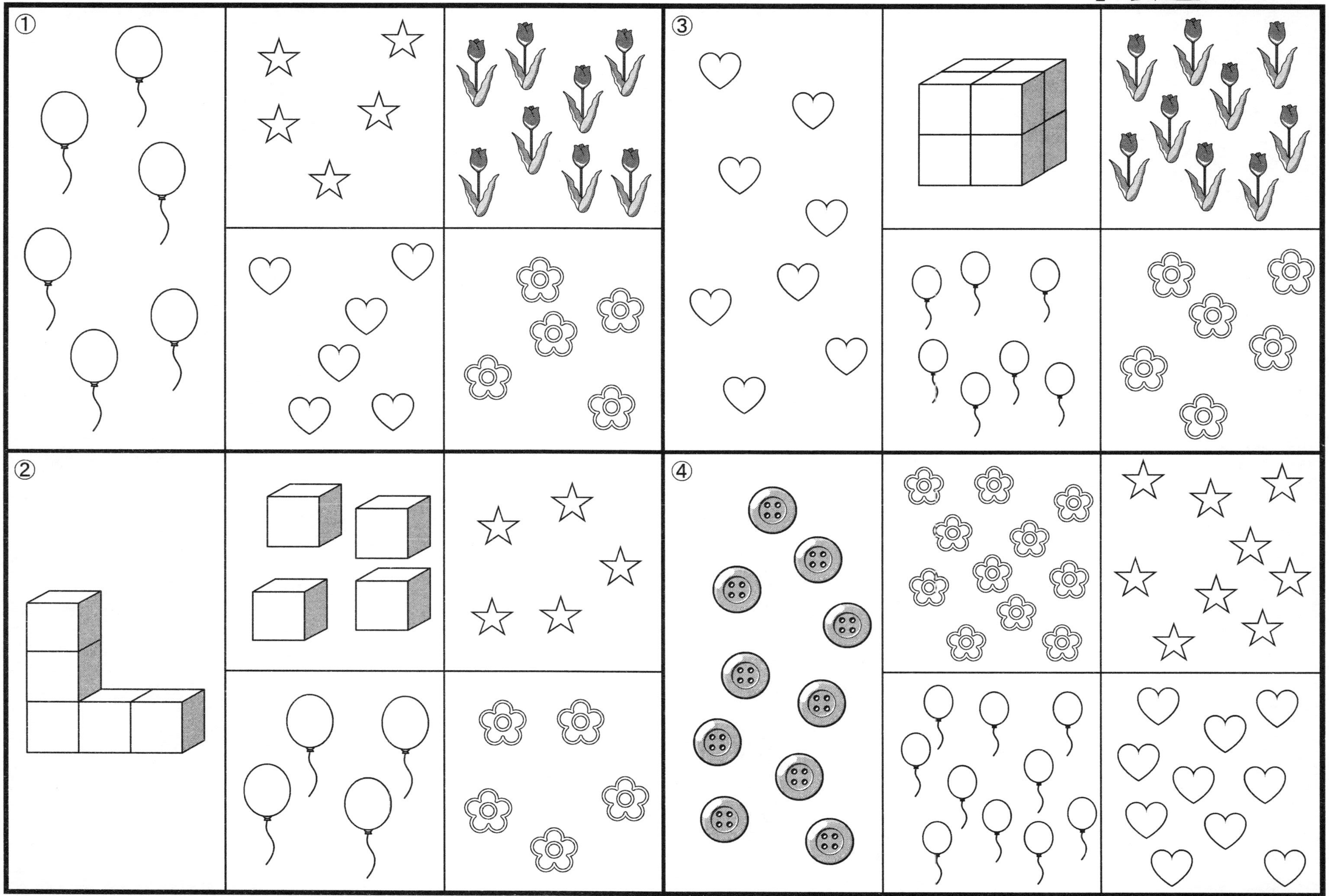

問題２０－１

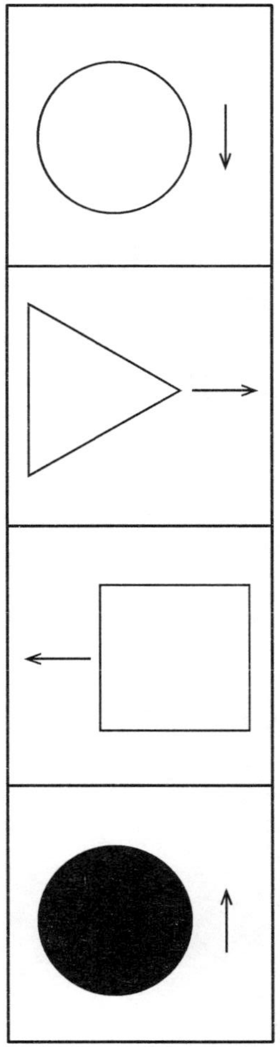

①

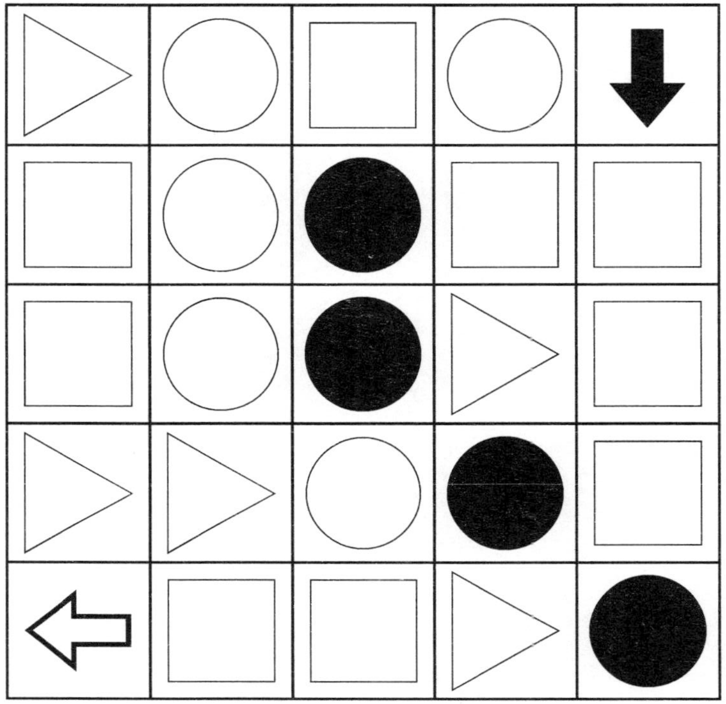

②

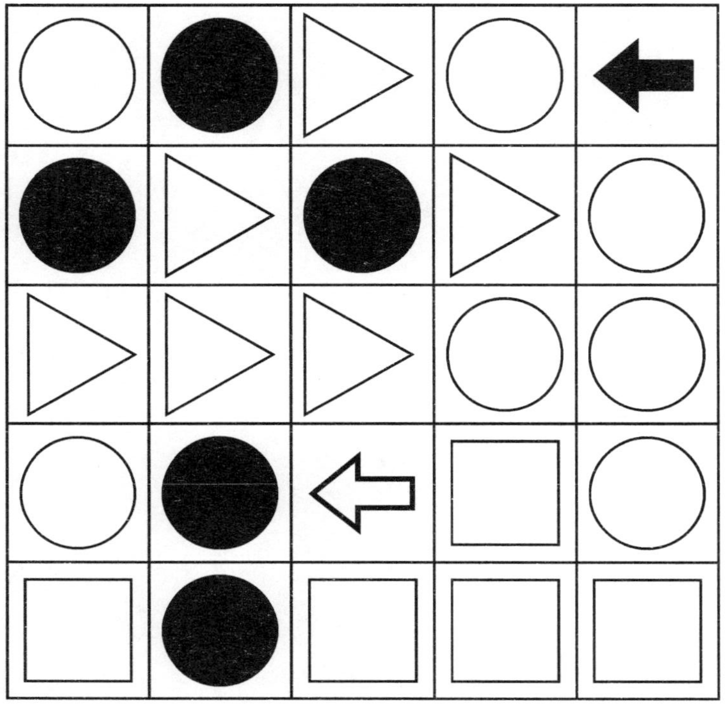

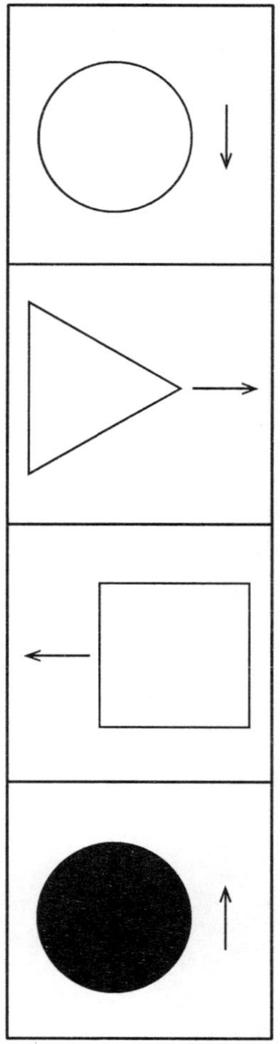

③

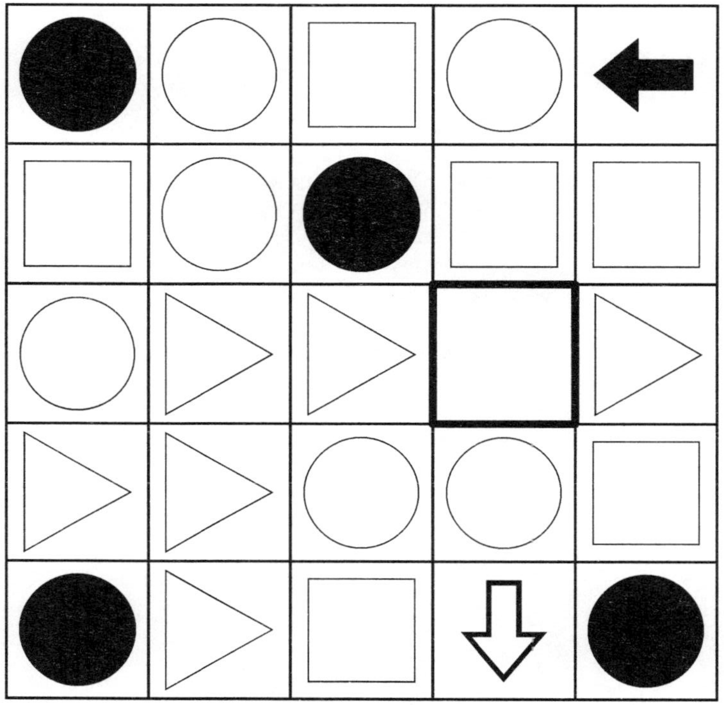

④

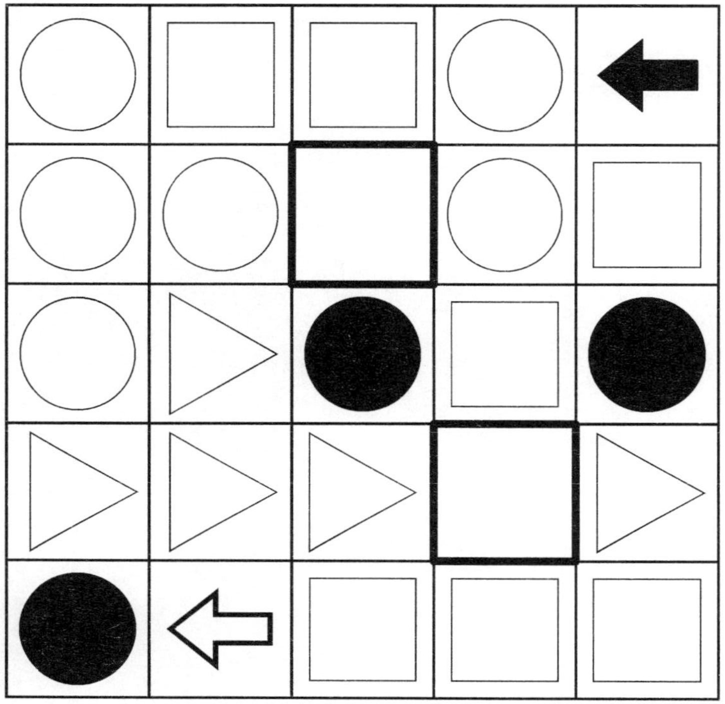

日本学習図書株式会社

問題２１

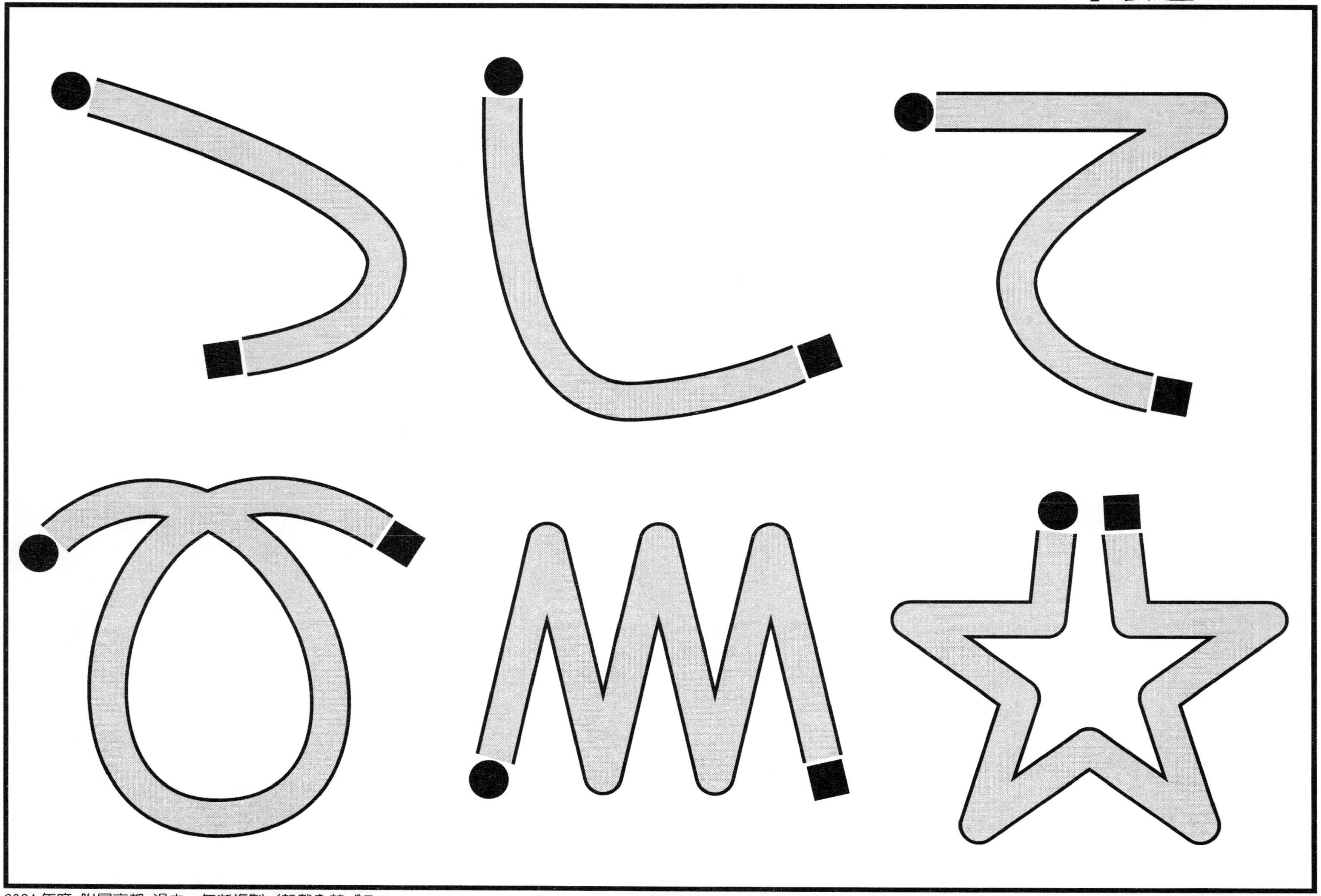

問題２２

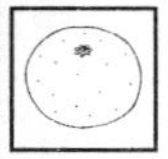

問題２３

日本学習図書株式会社

2024 年度 附属京都 過去 無断複製／転載を禁ずる

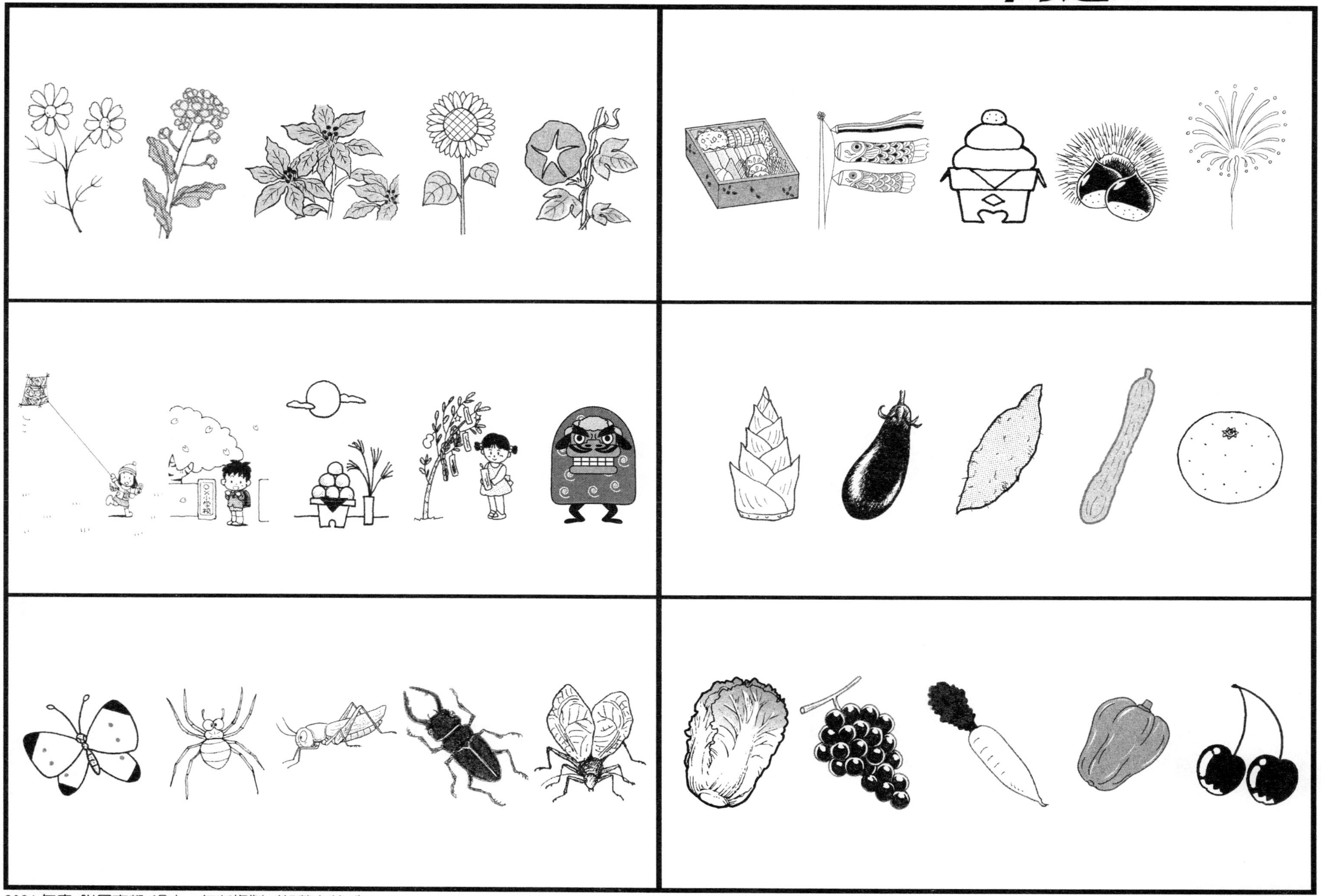

問題２４－２

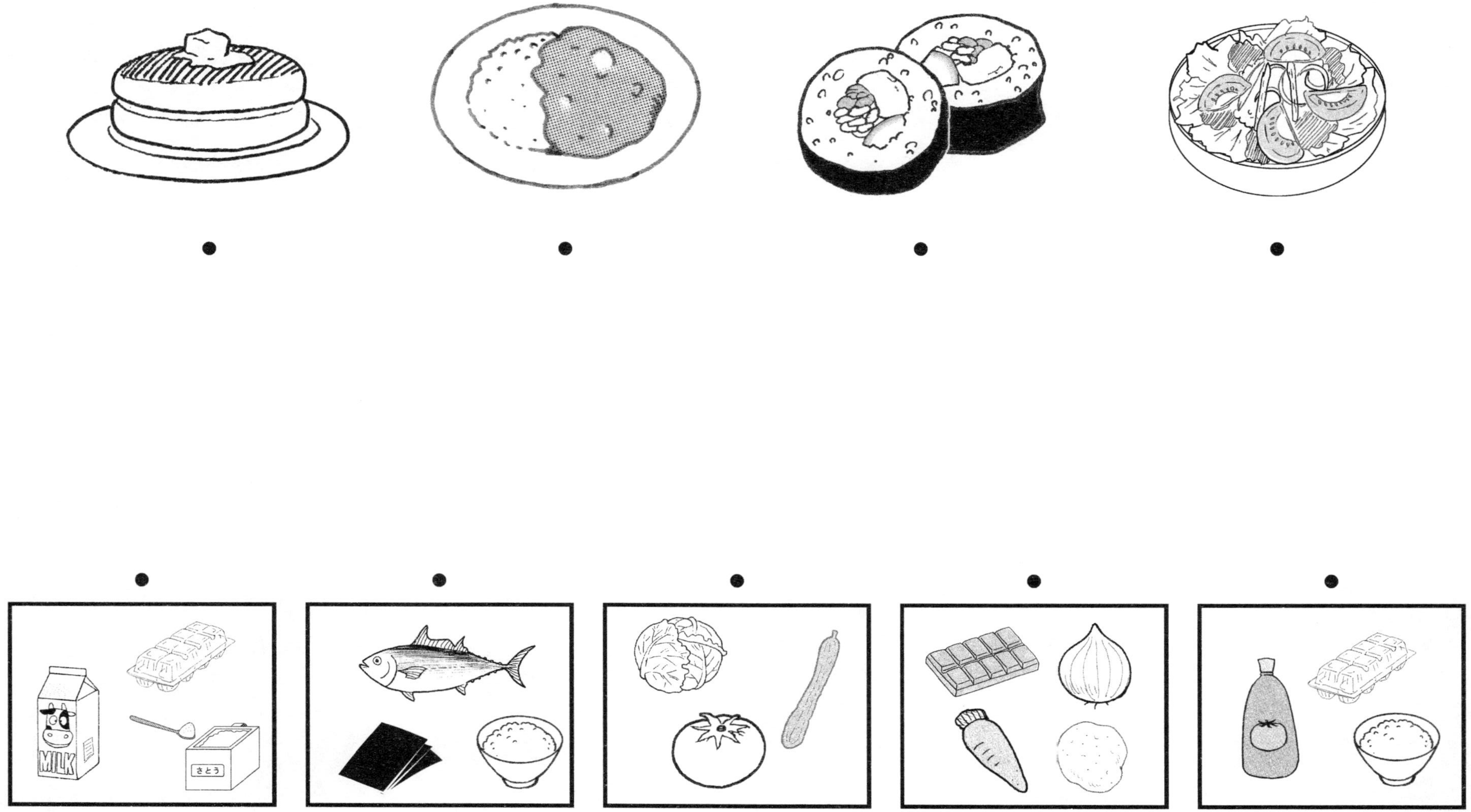

問題25

③

④

①

②

2024年度 過去 附属京都 日本学習図書株式会社

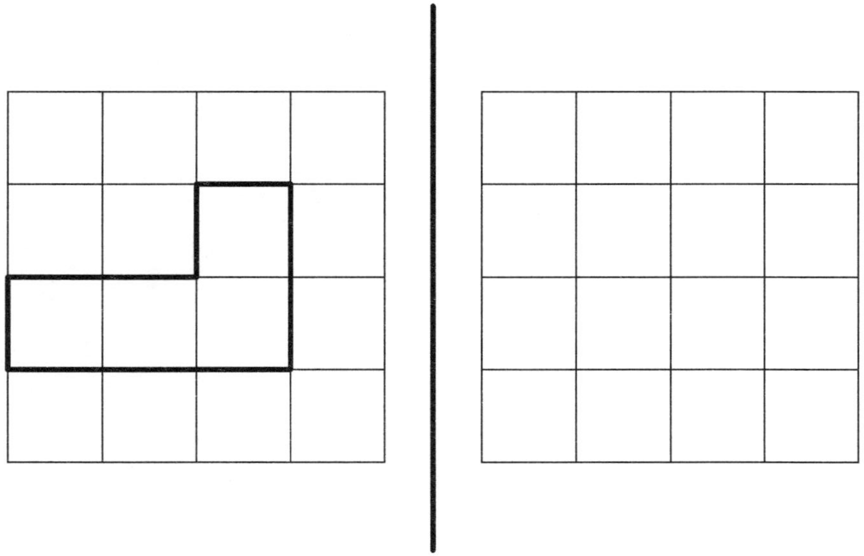

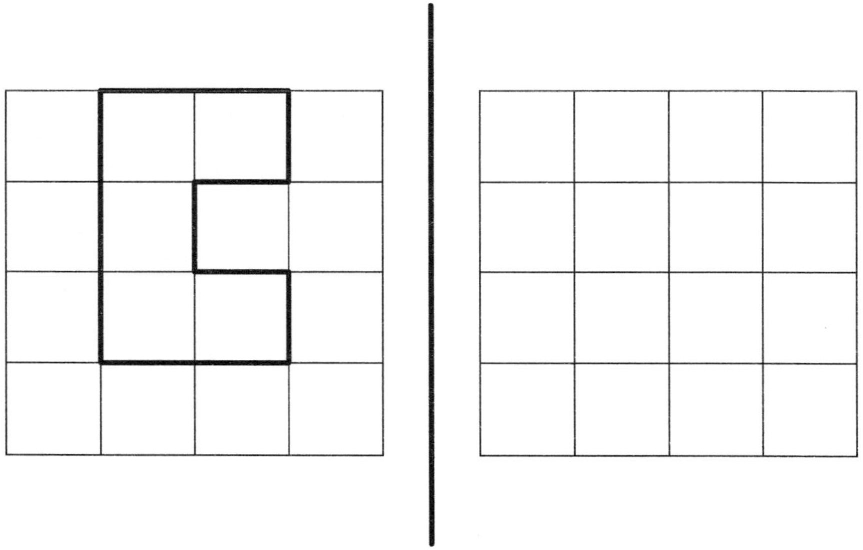

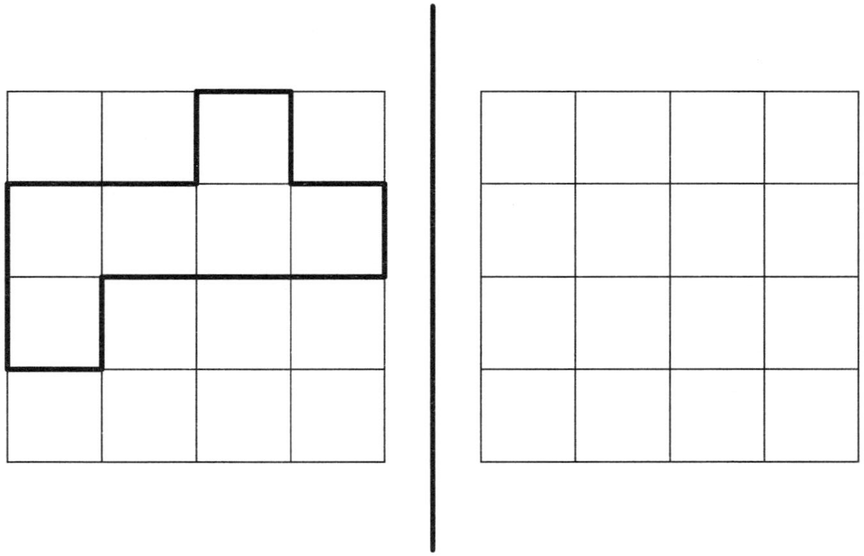

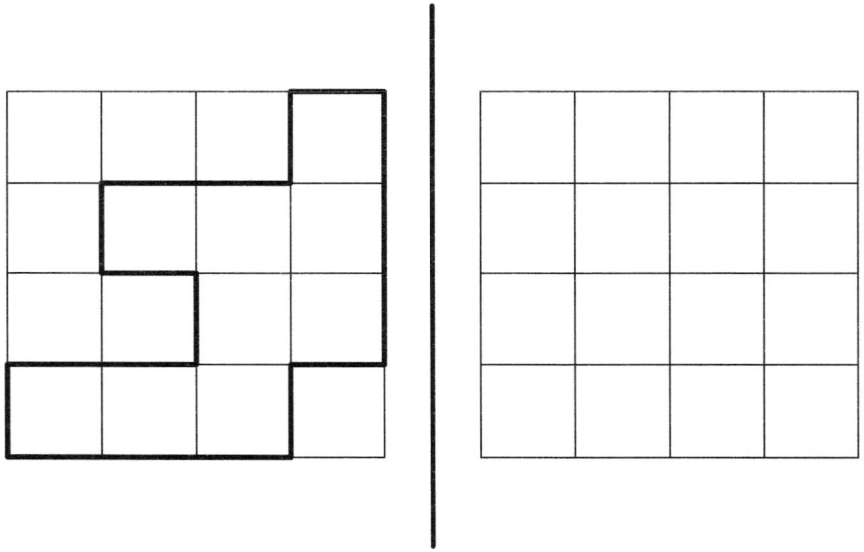

問題26

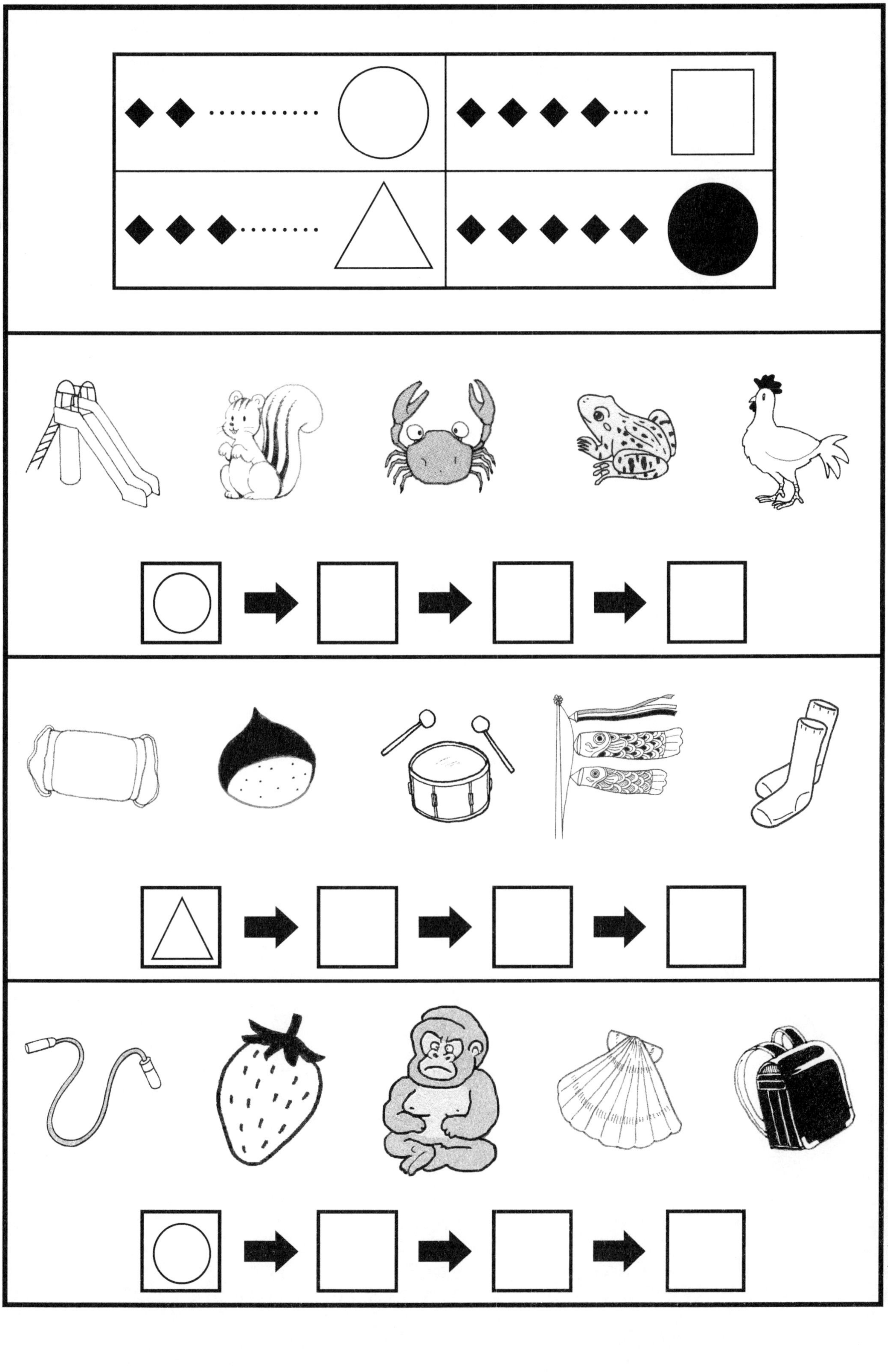

問題27－1

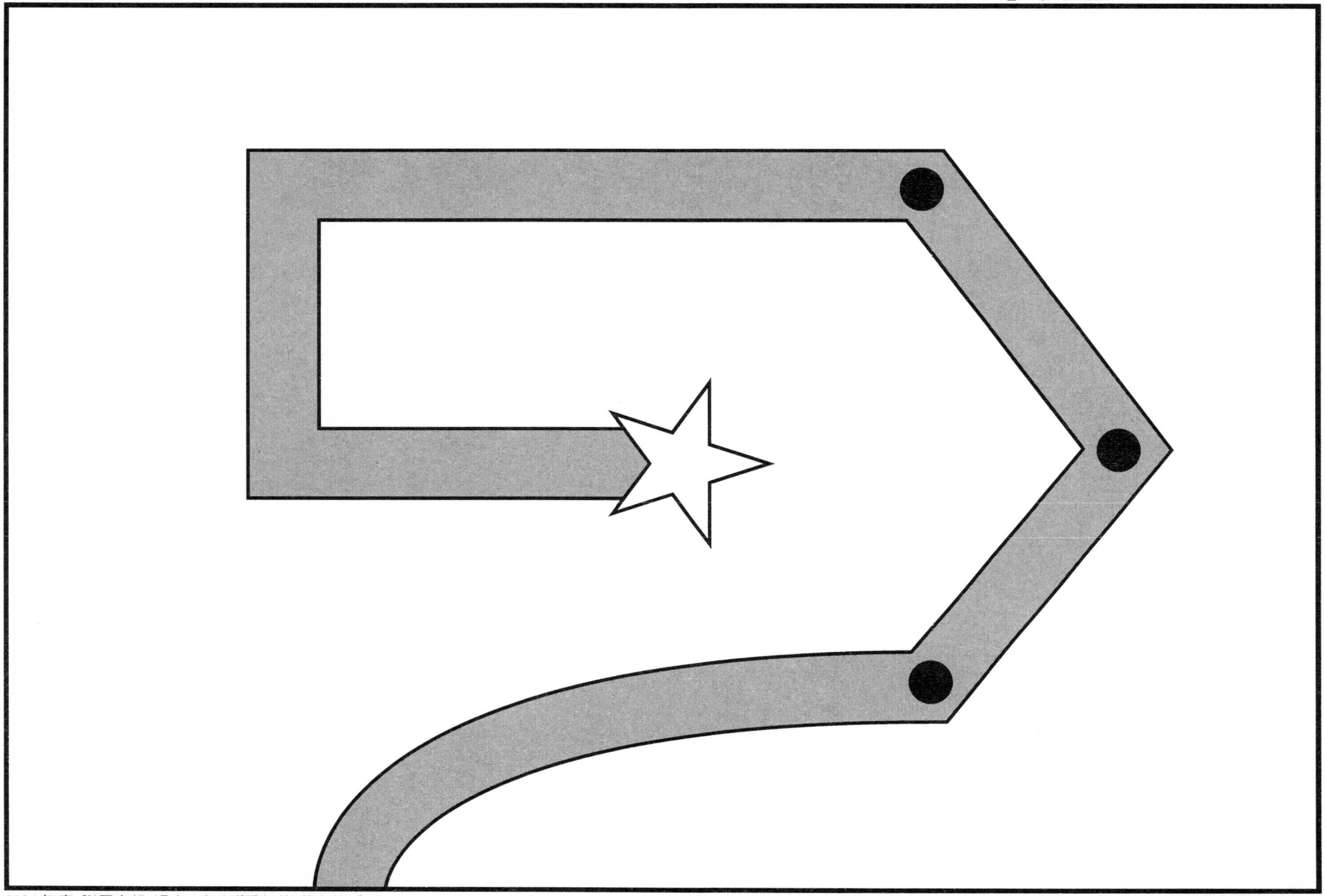

問題２７－２

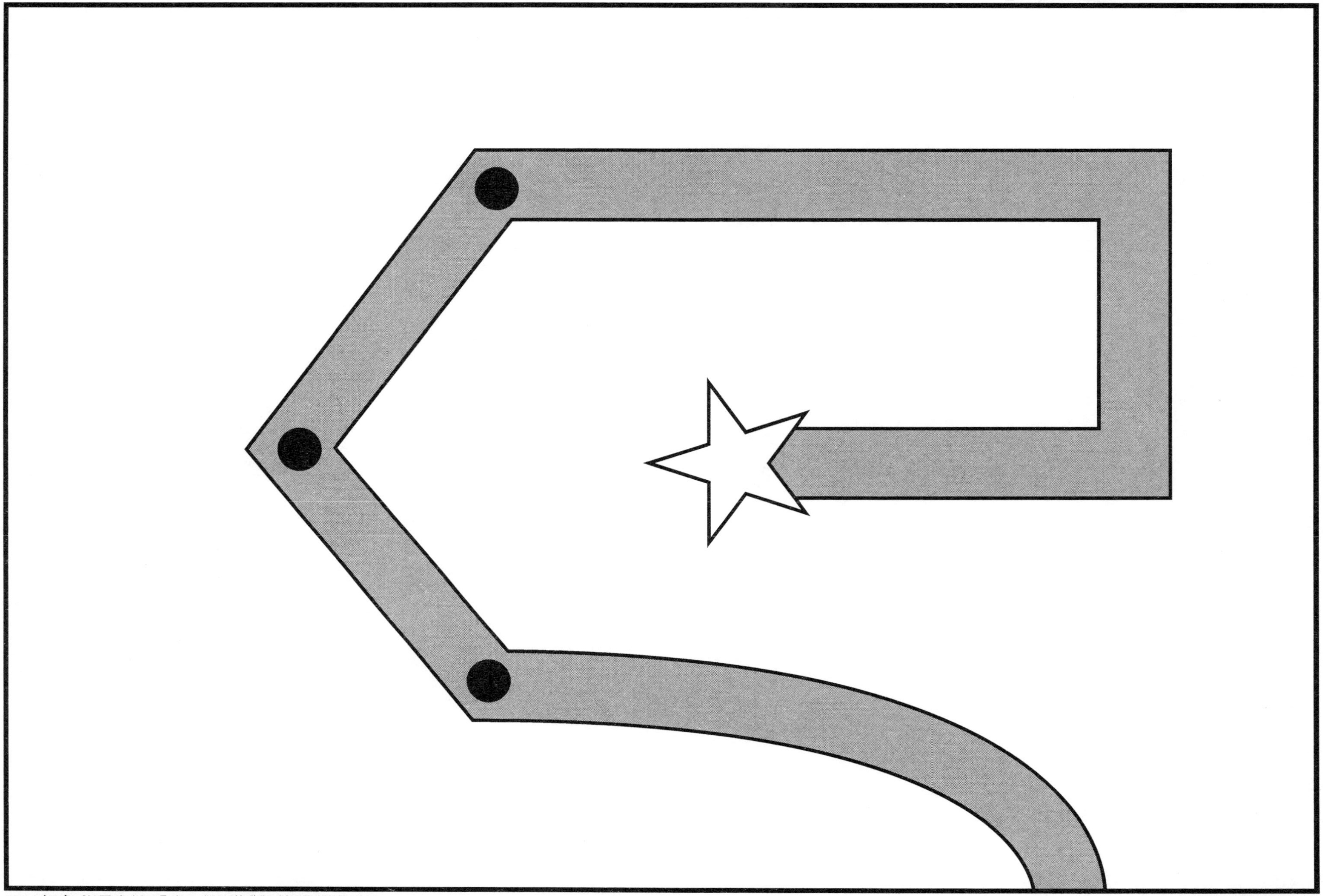

問題２８－１

問題２８－２

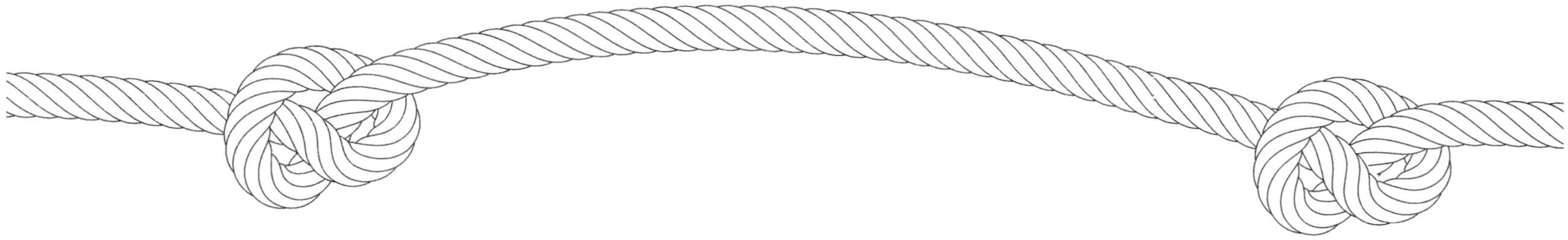

問題２９－１

2024 年度 附属京都 過去 無断複製／転載を禁ずる 日本学習図書株式会社

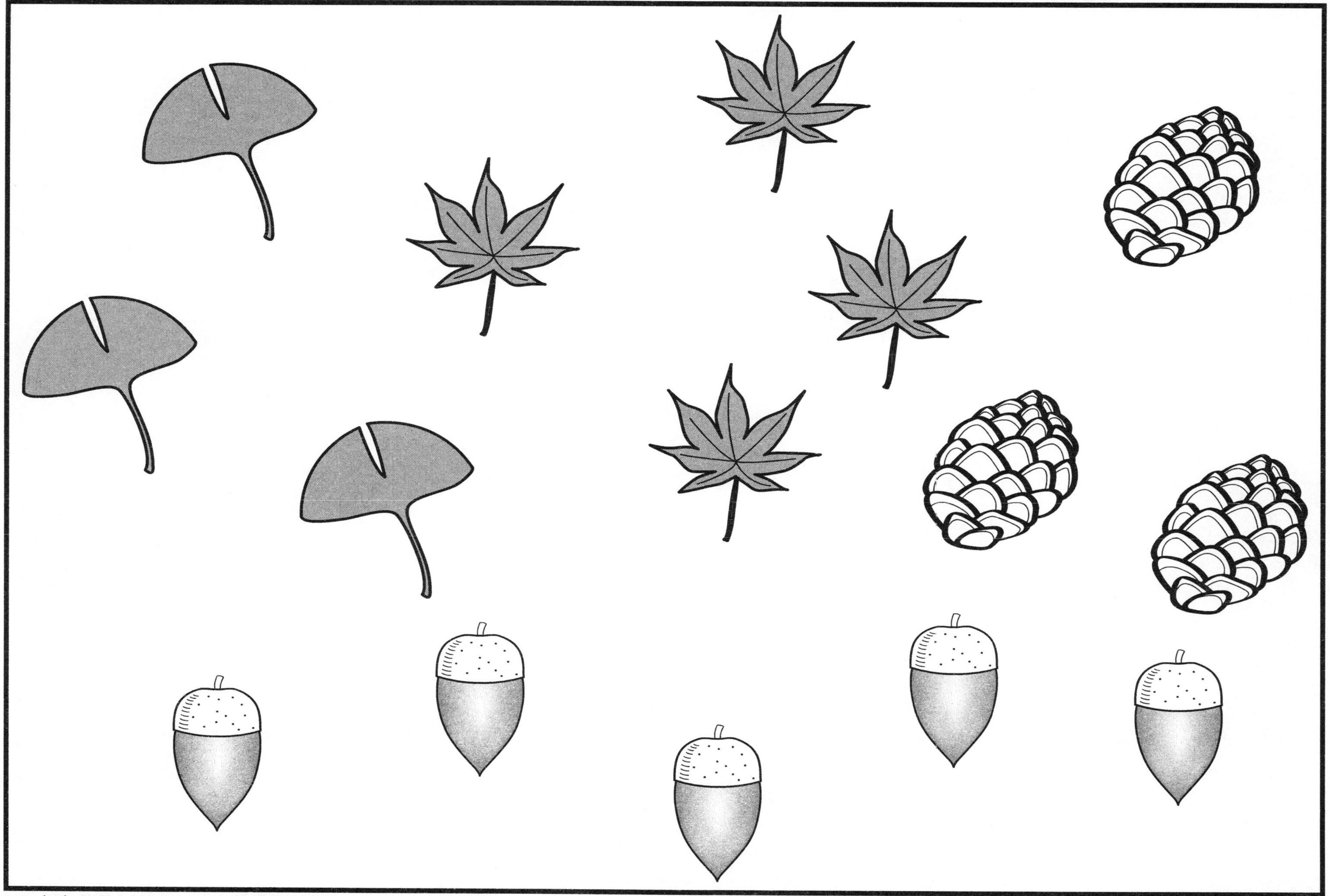

問題２９－３

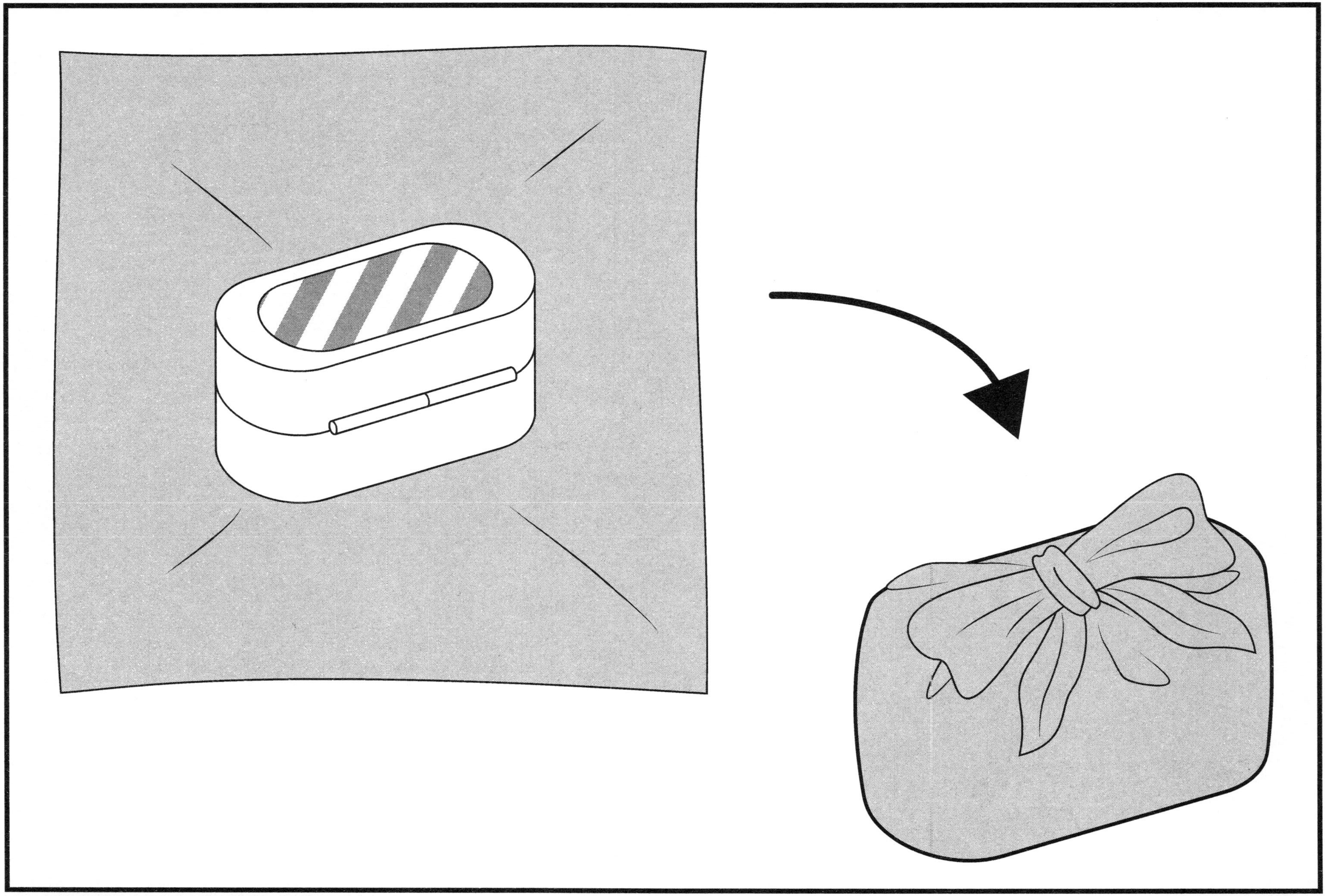

問題３０

問題31

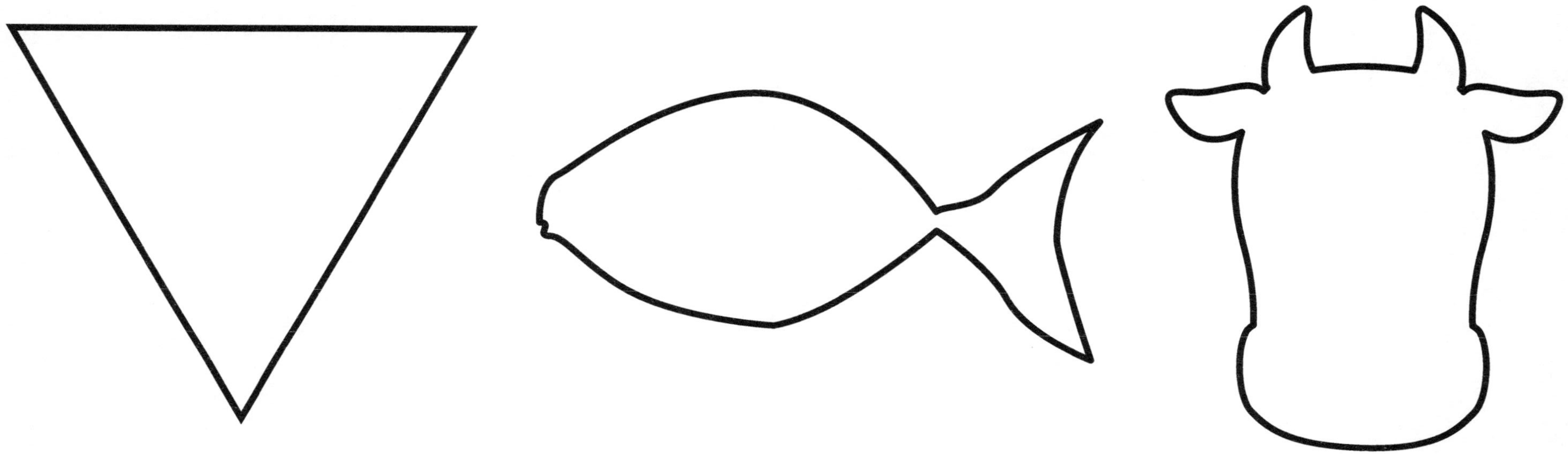

問題３２

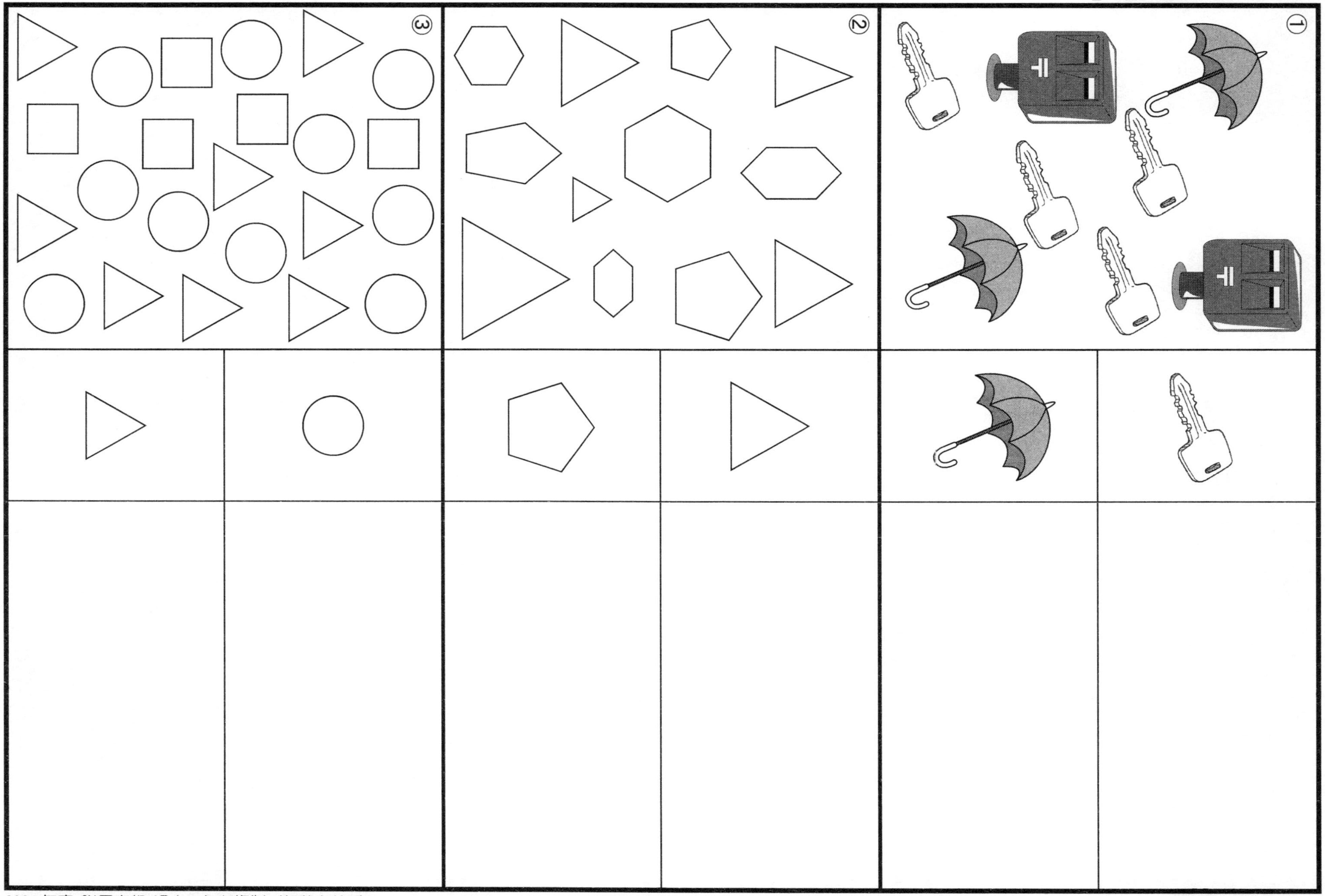

問題３３

①

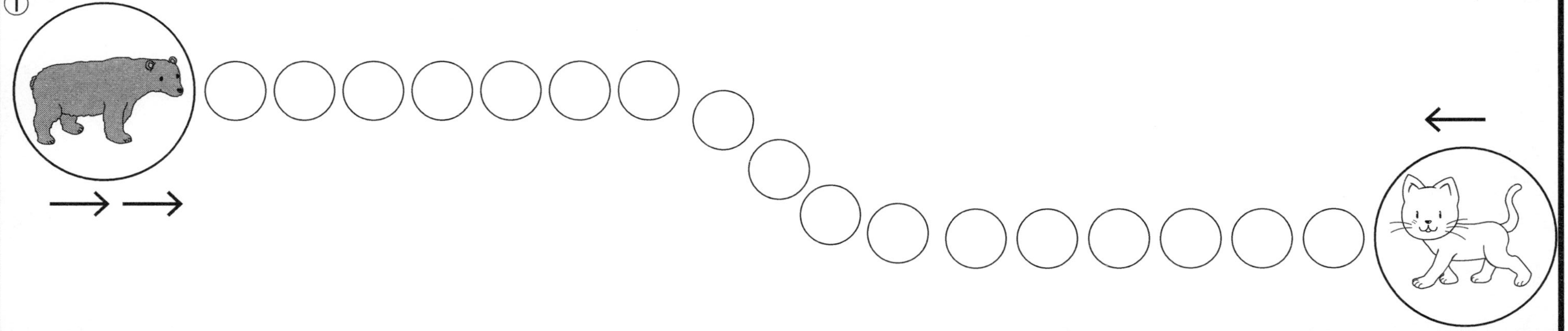

②

③

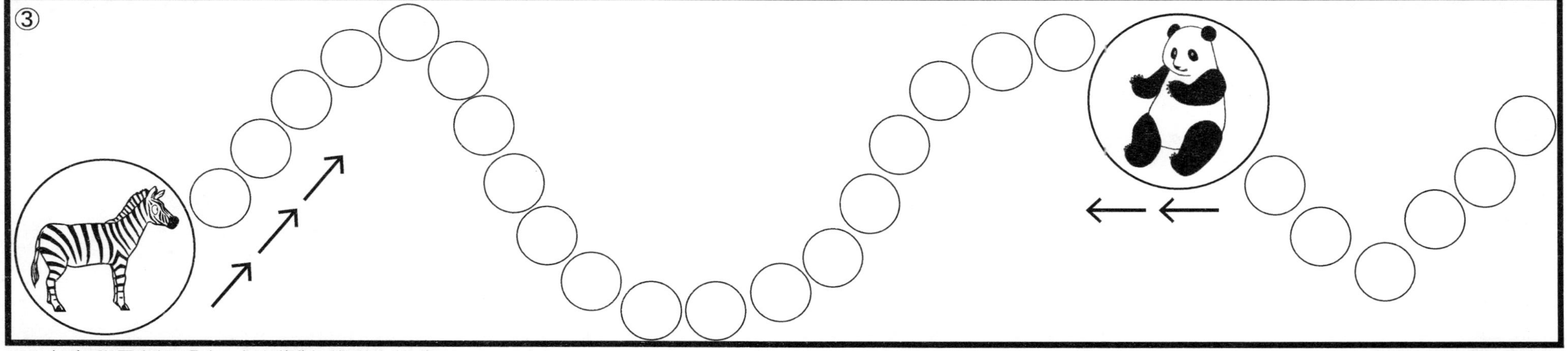

2024 年度 附属京都 過去 無断複製／転載を禁ずる

日本学習図書株式会社

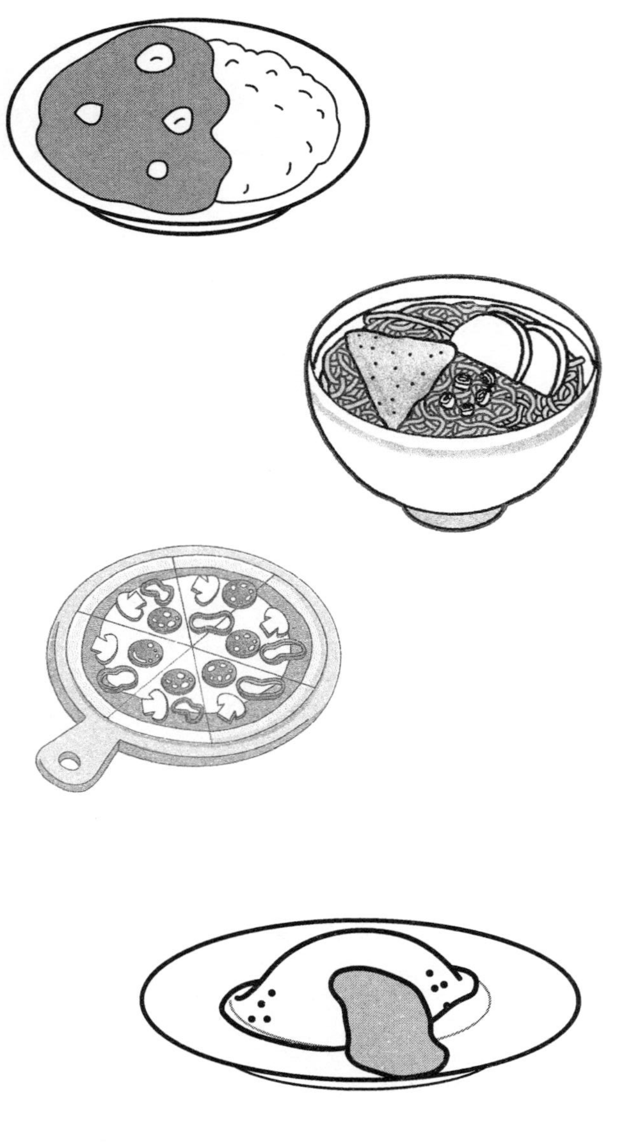

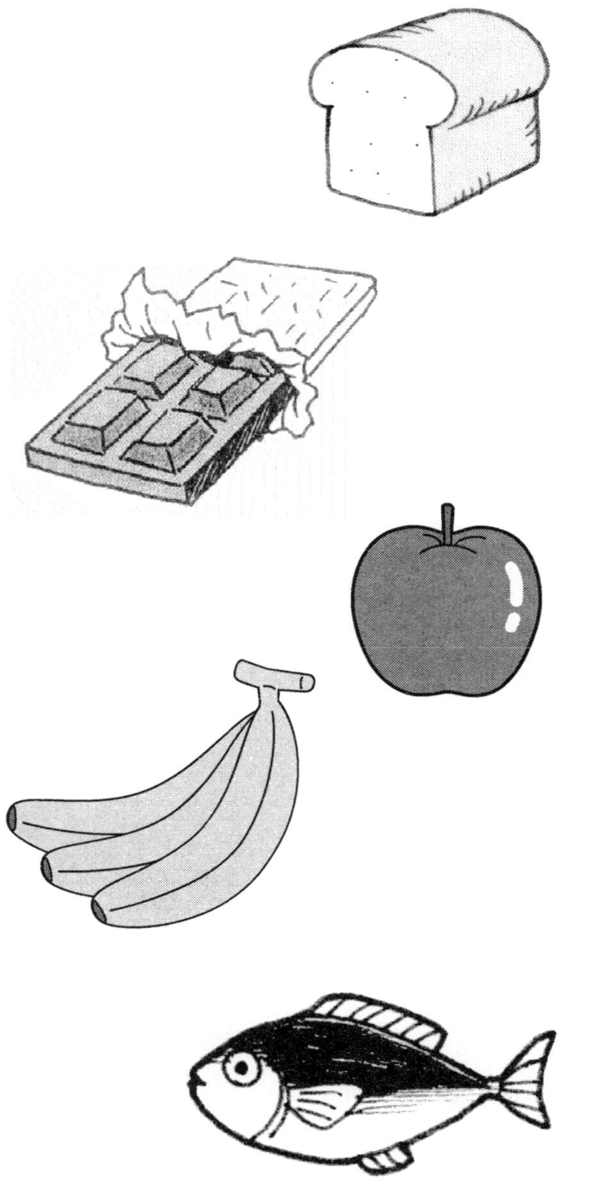

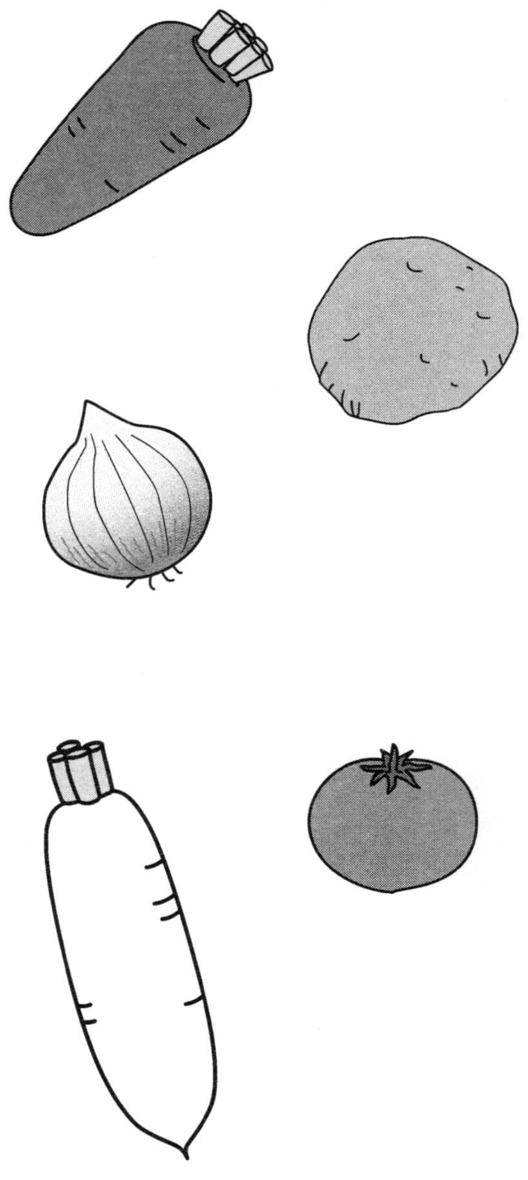

問題３５

①

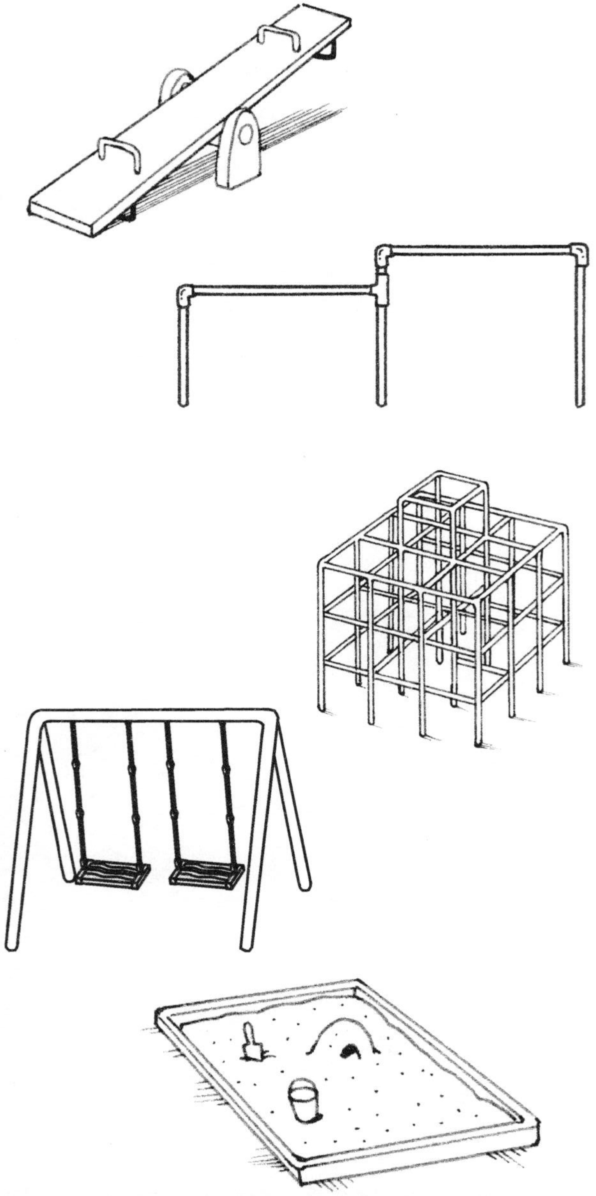

②

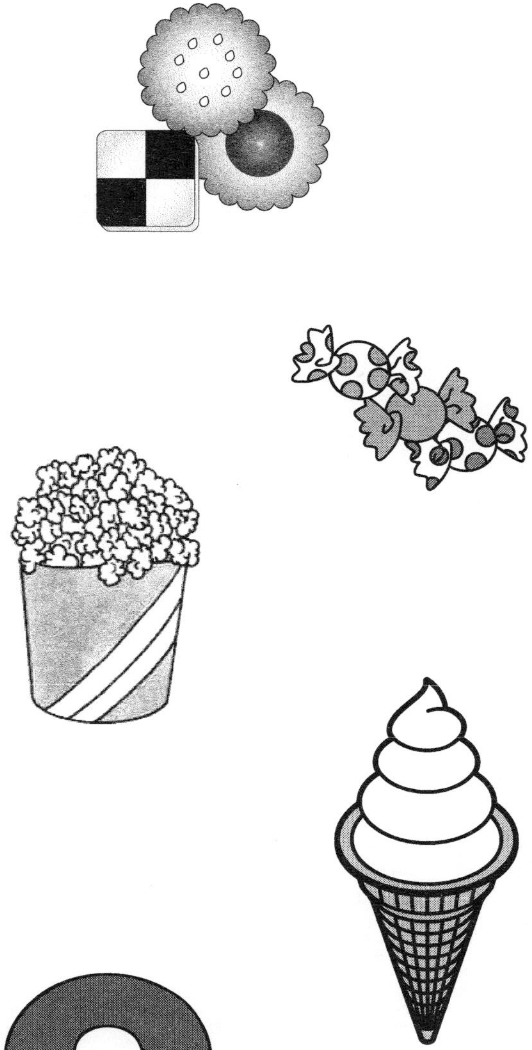

③

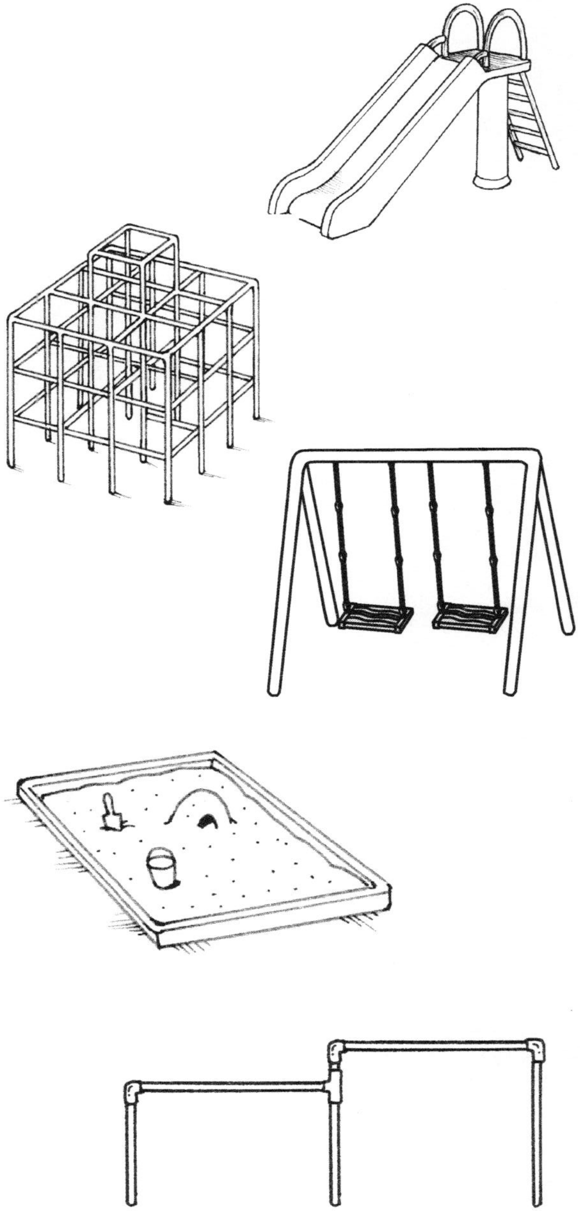

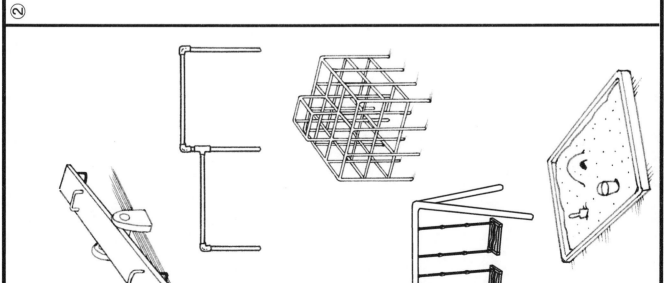

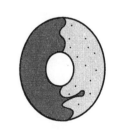

問題３６

①

②

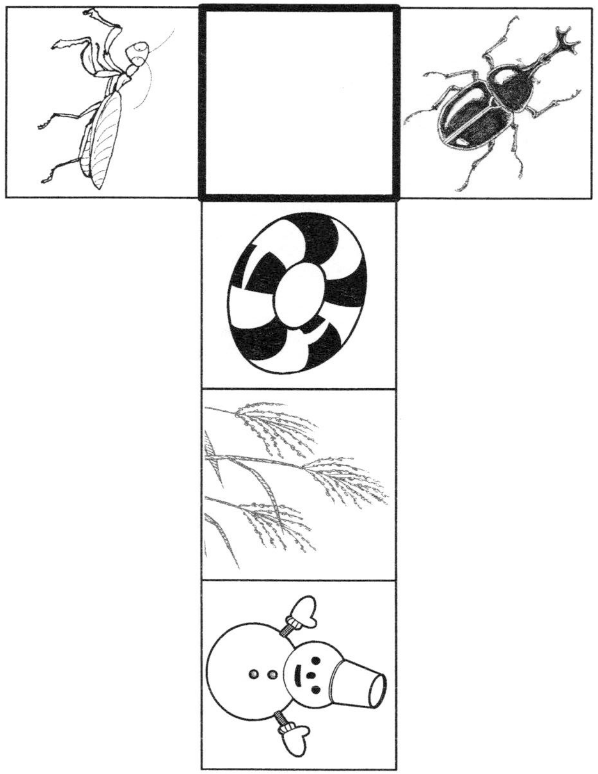

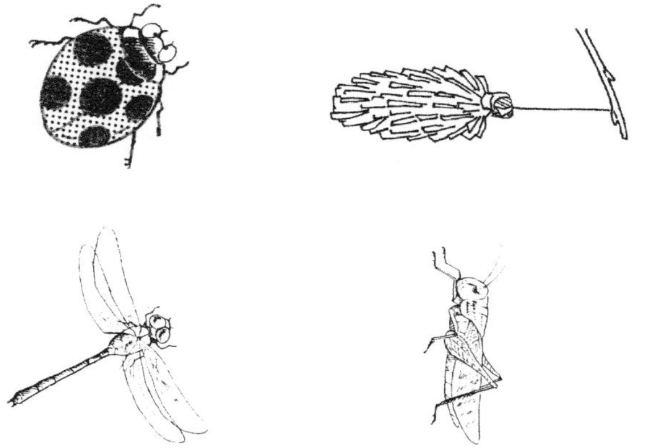

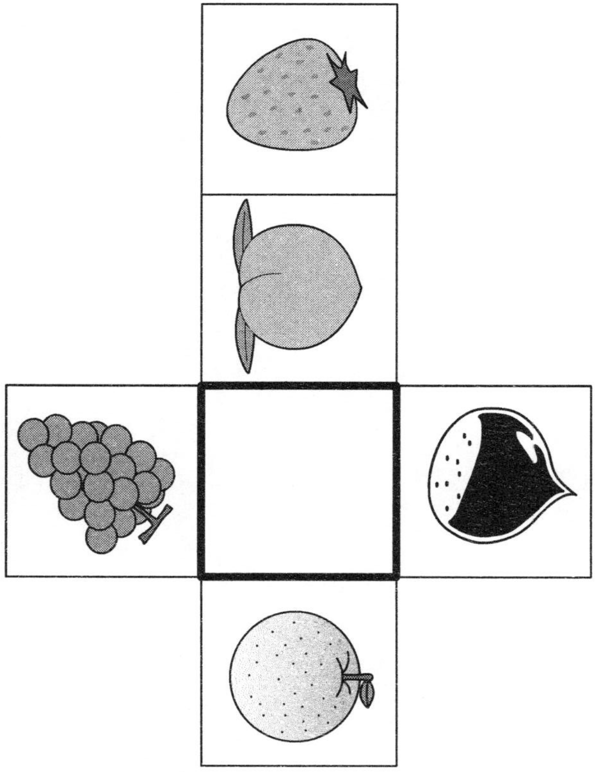

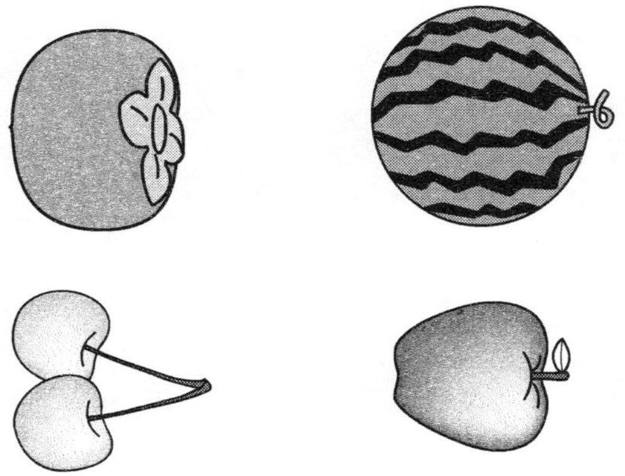

日本学習図書株式会社

問題３７

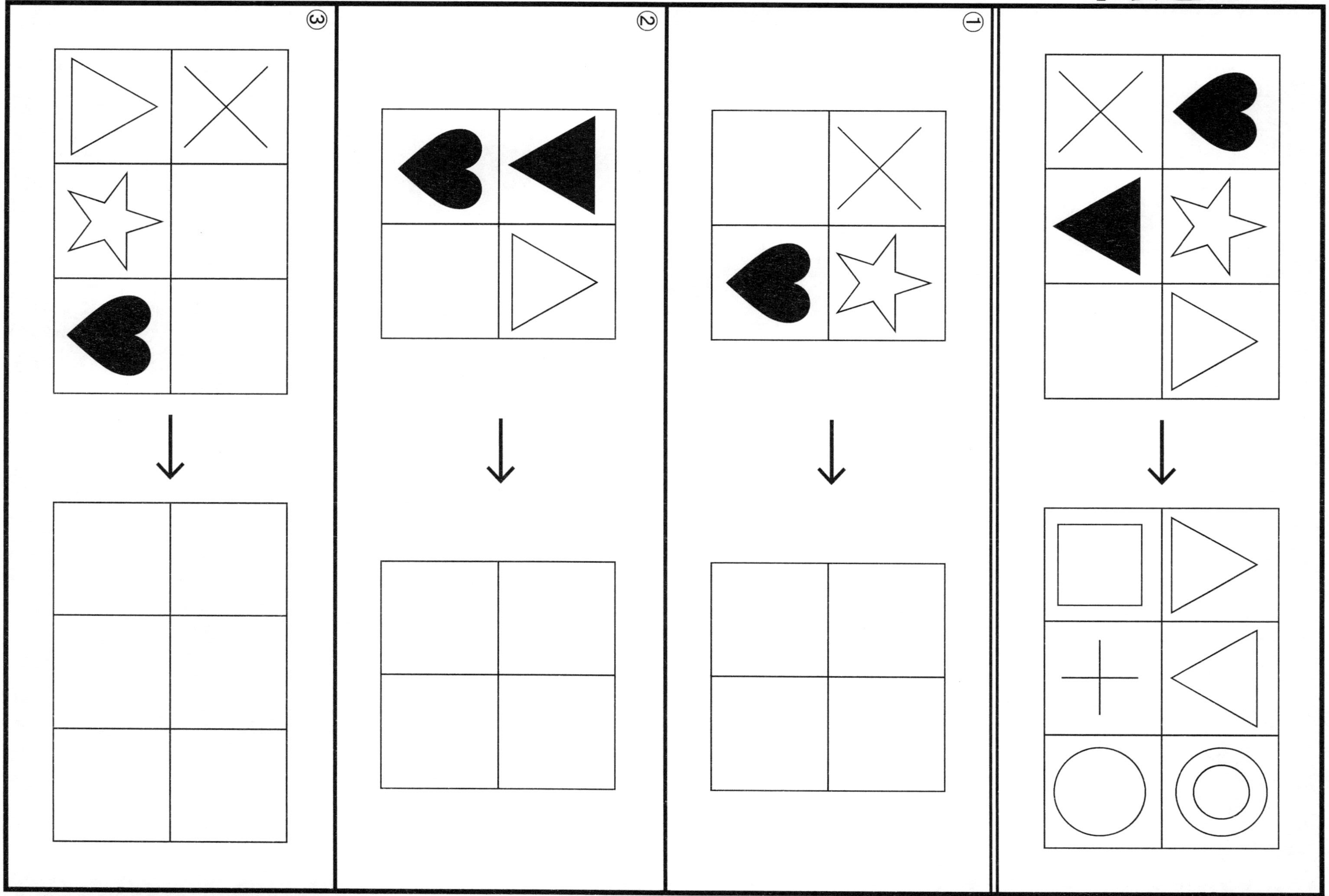

問題38－1

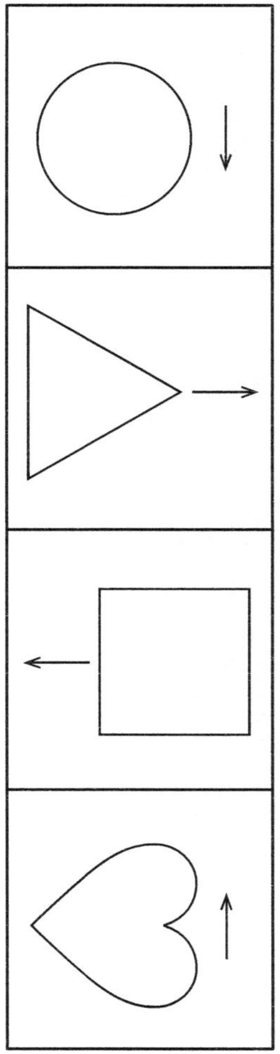

①

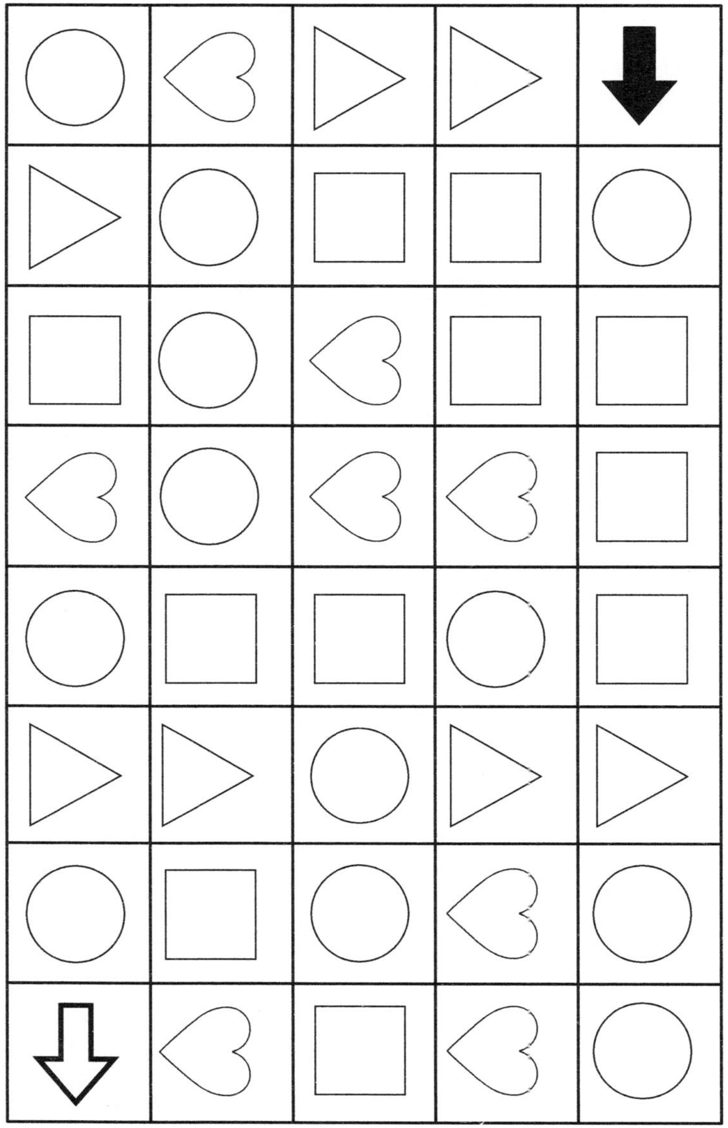

②

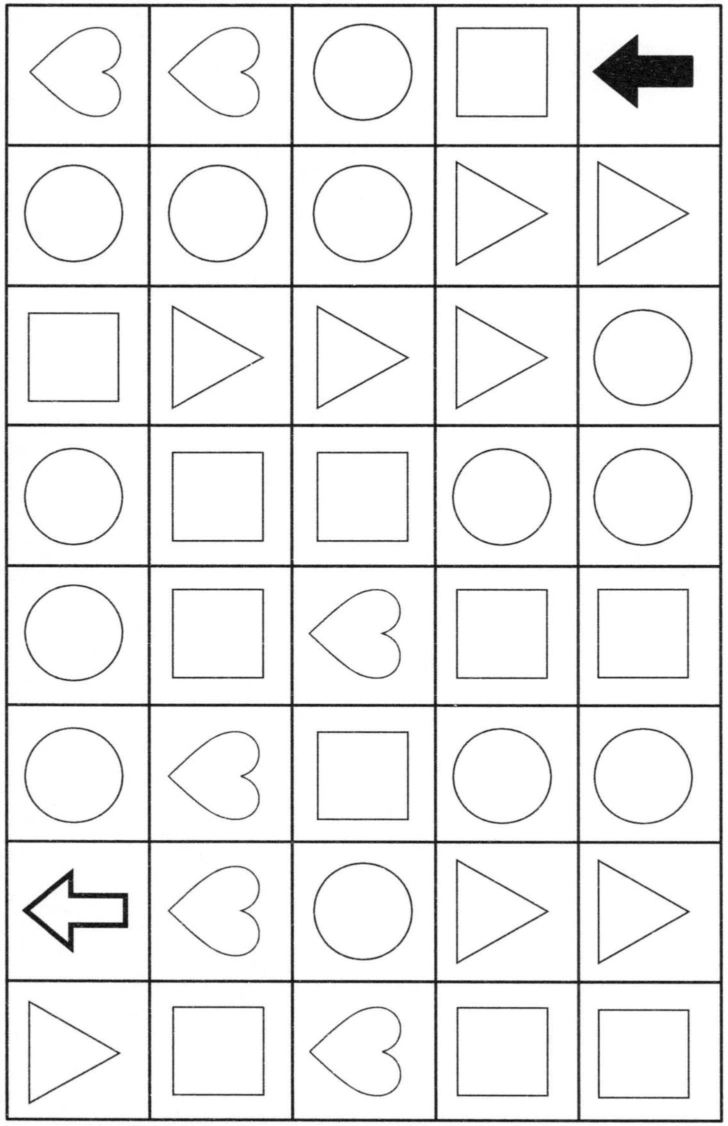

日本学習図書株式会社

2024年度 附属京都 過去 無断複製／転載を禁ずる

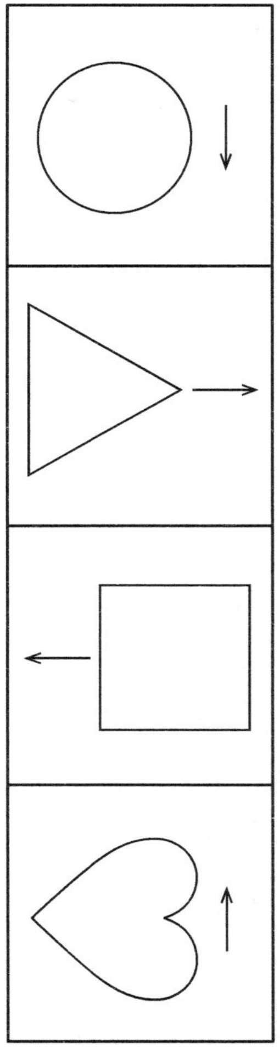

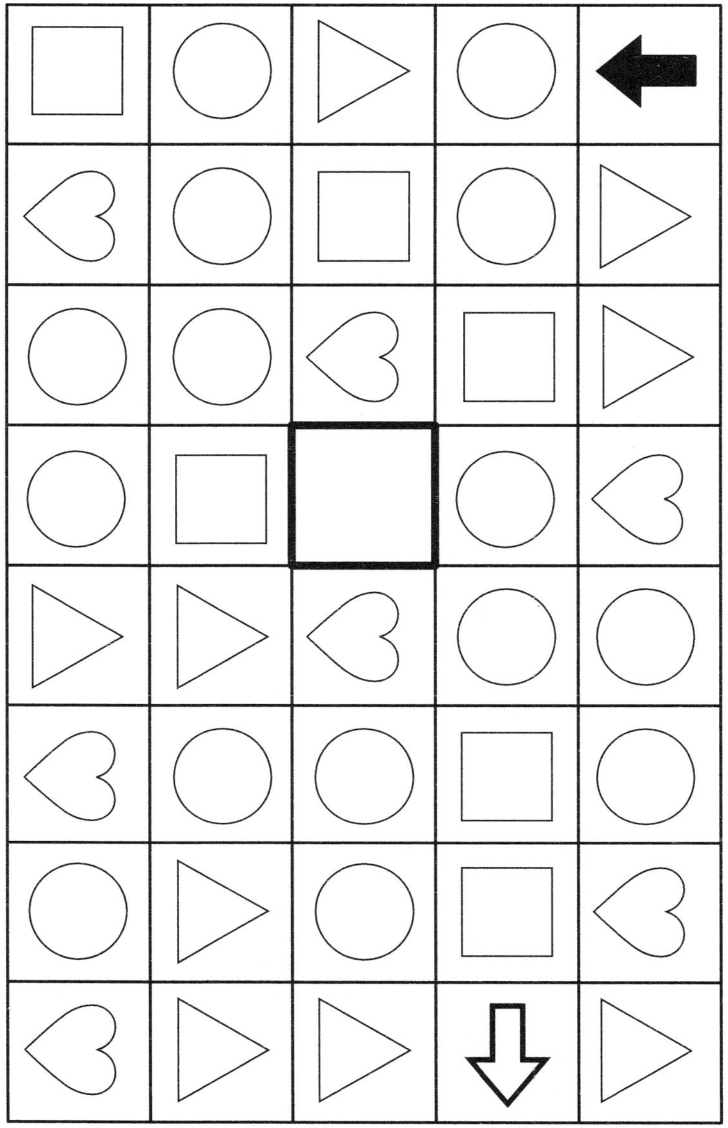

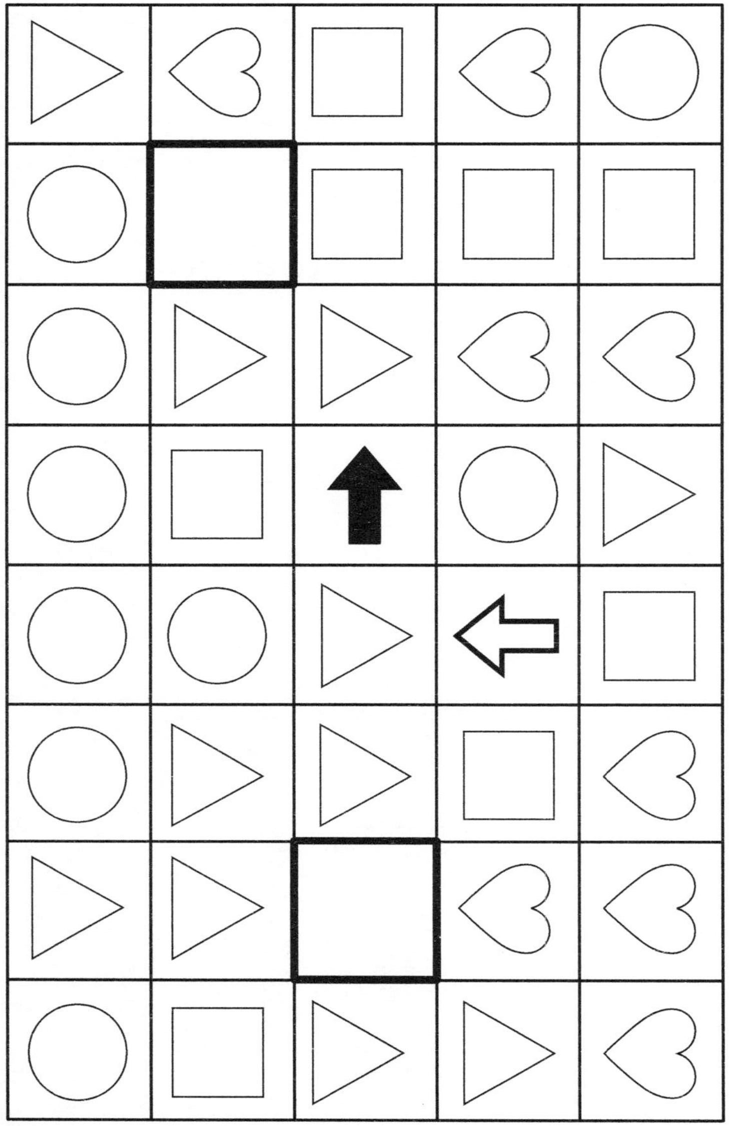

問題３９－１

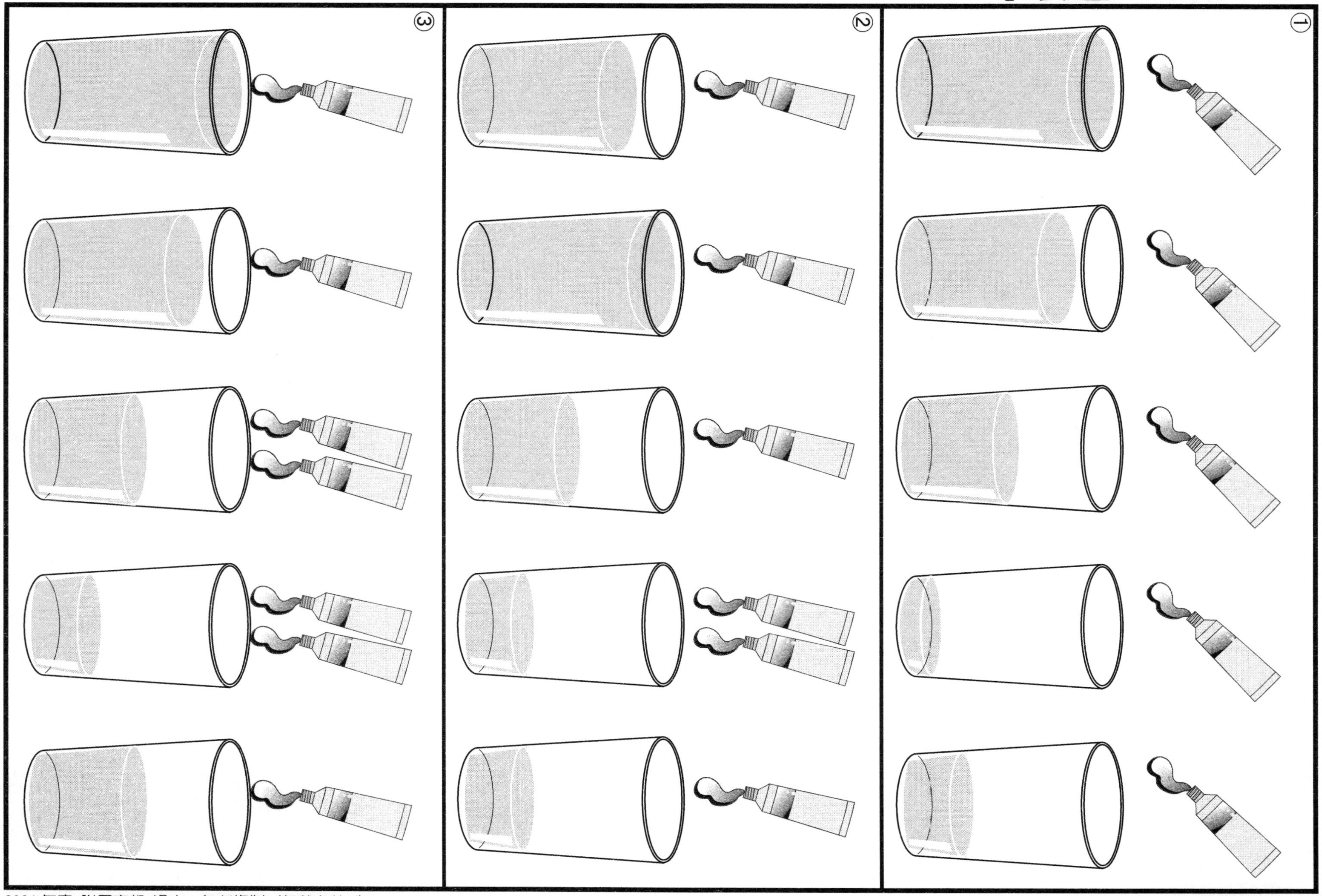

問題39－2

④

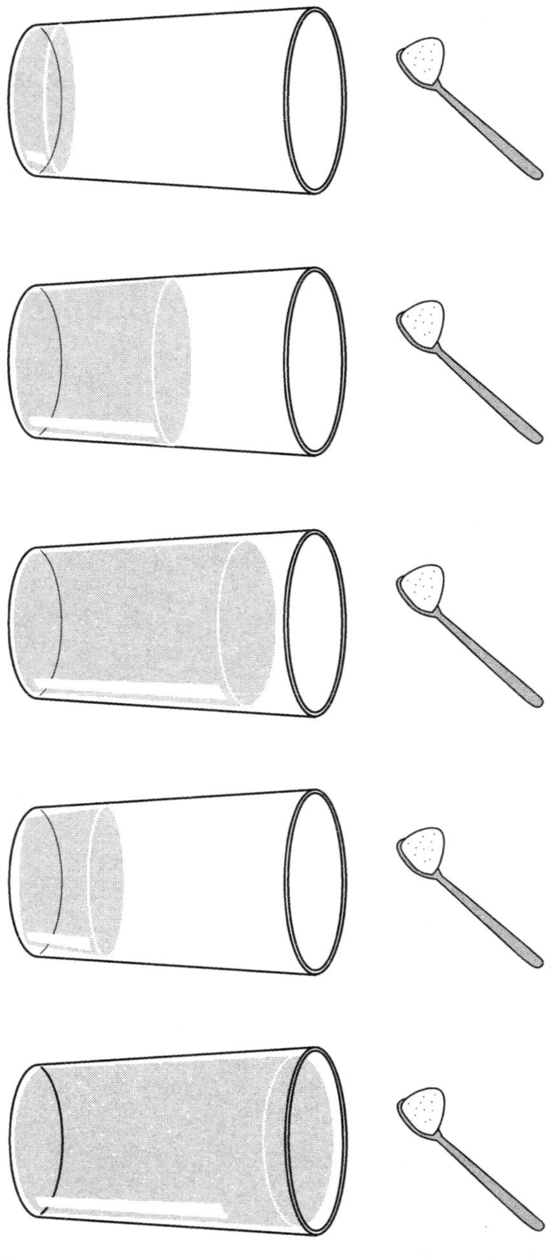

⑤

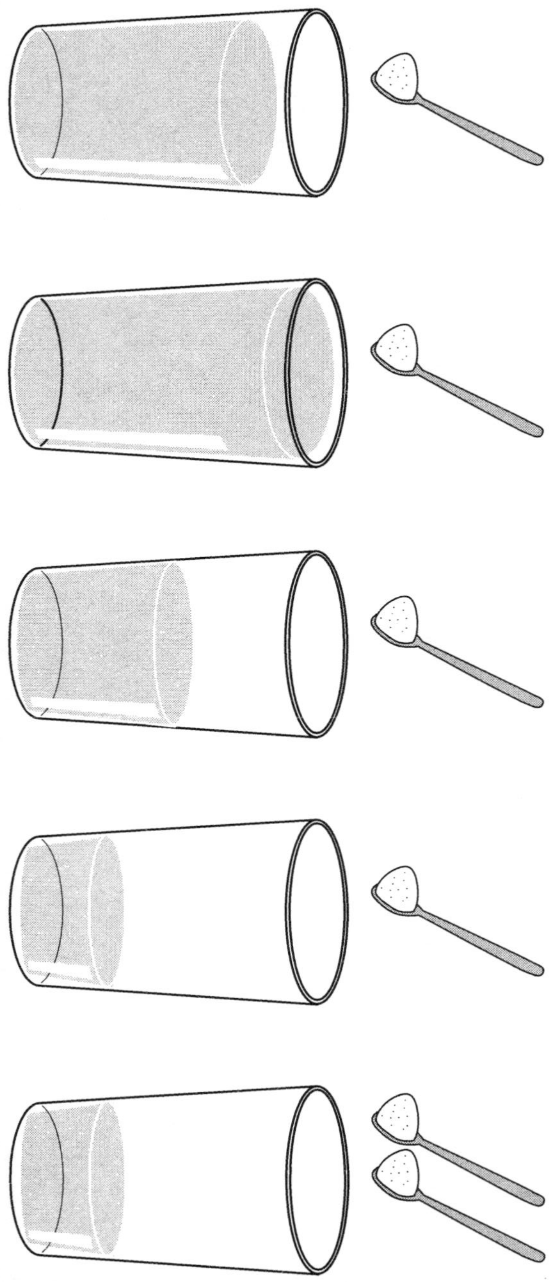

⑥

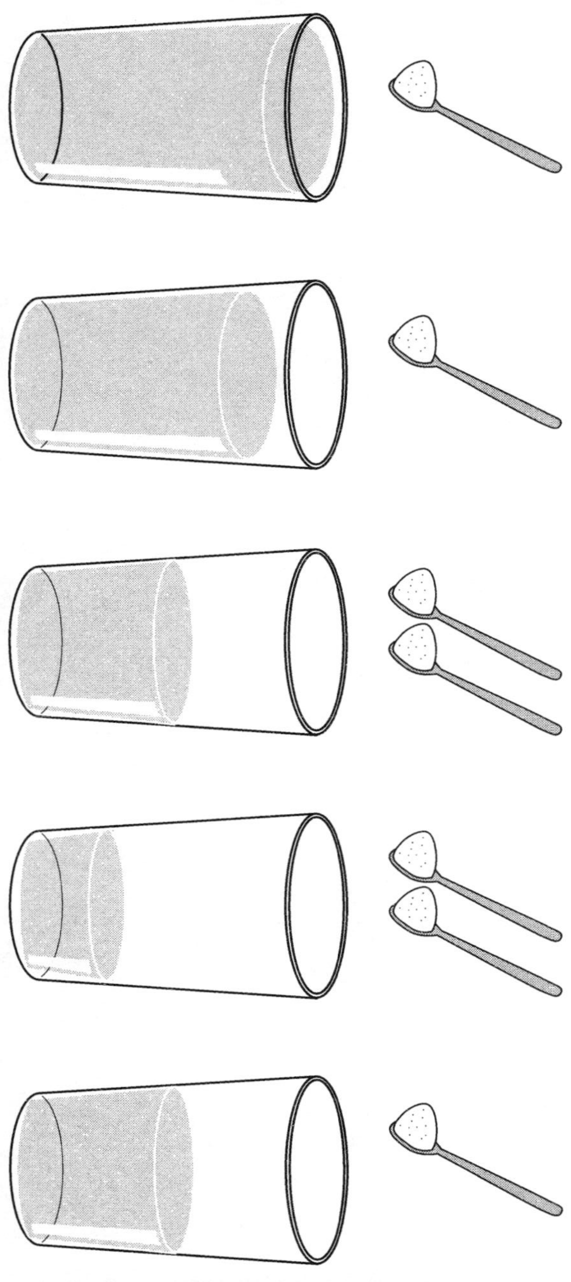

問題40

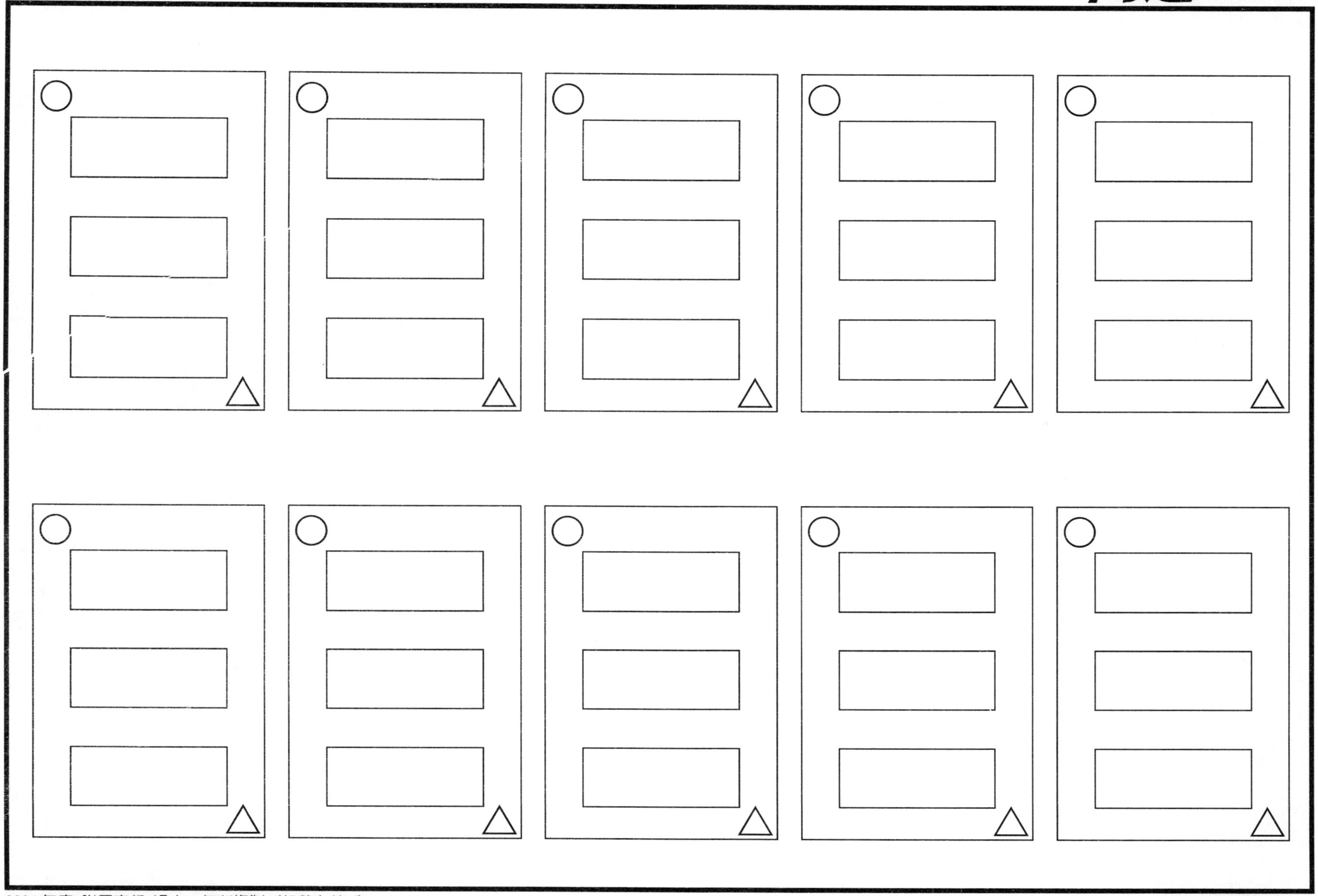

問題41

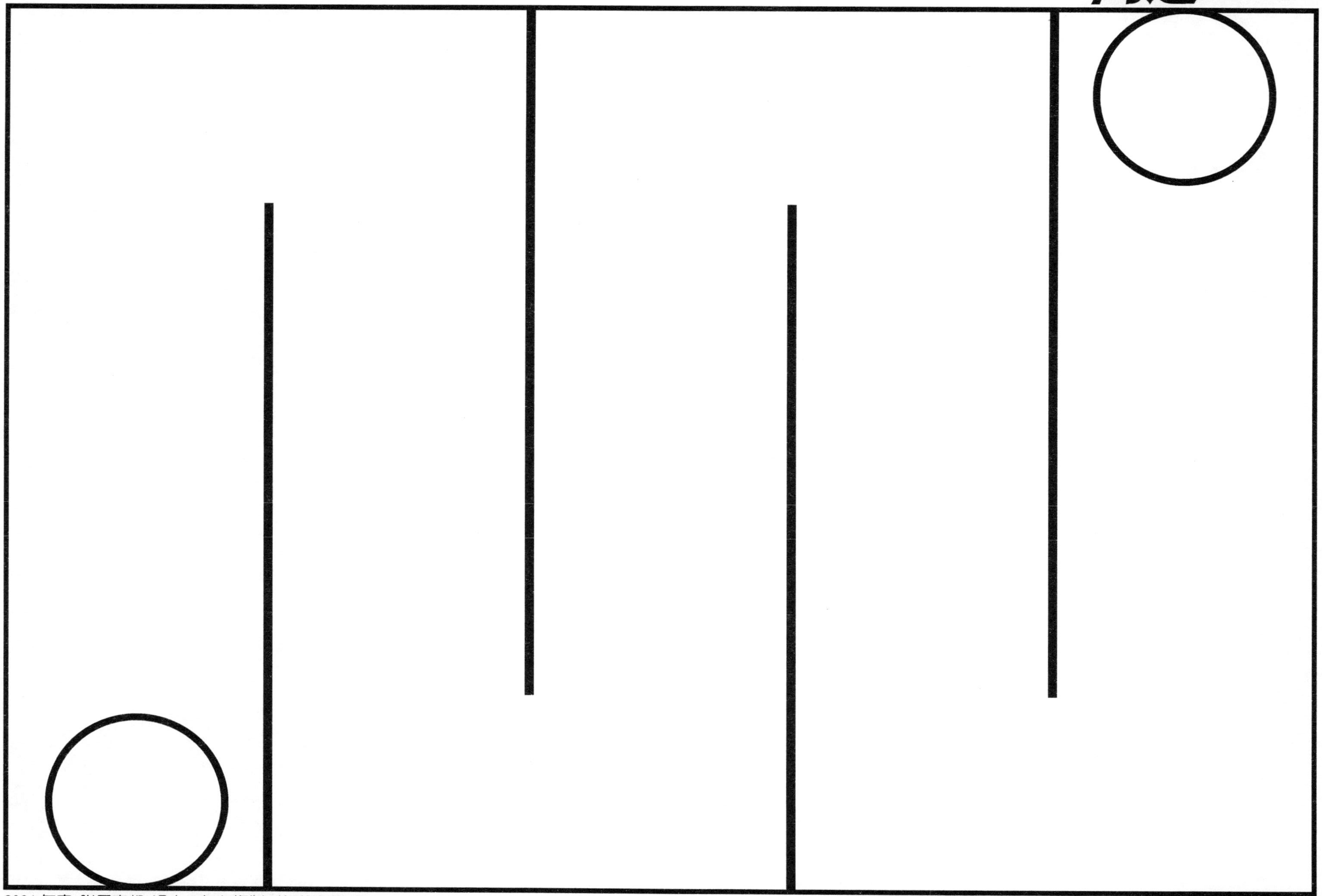

問題４３－１

①

問題４３－２

②

日本学習図書株式会社

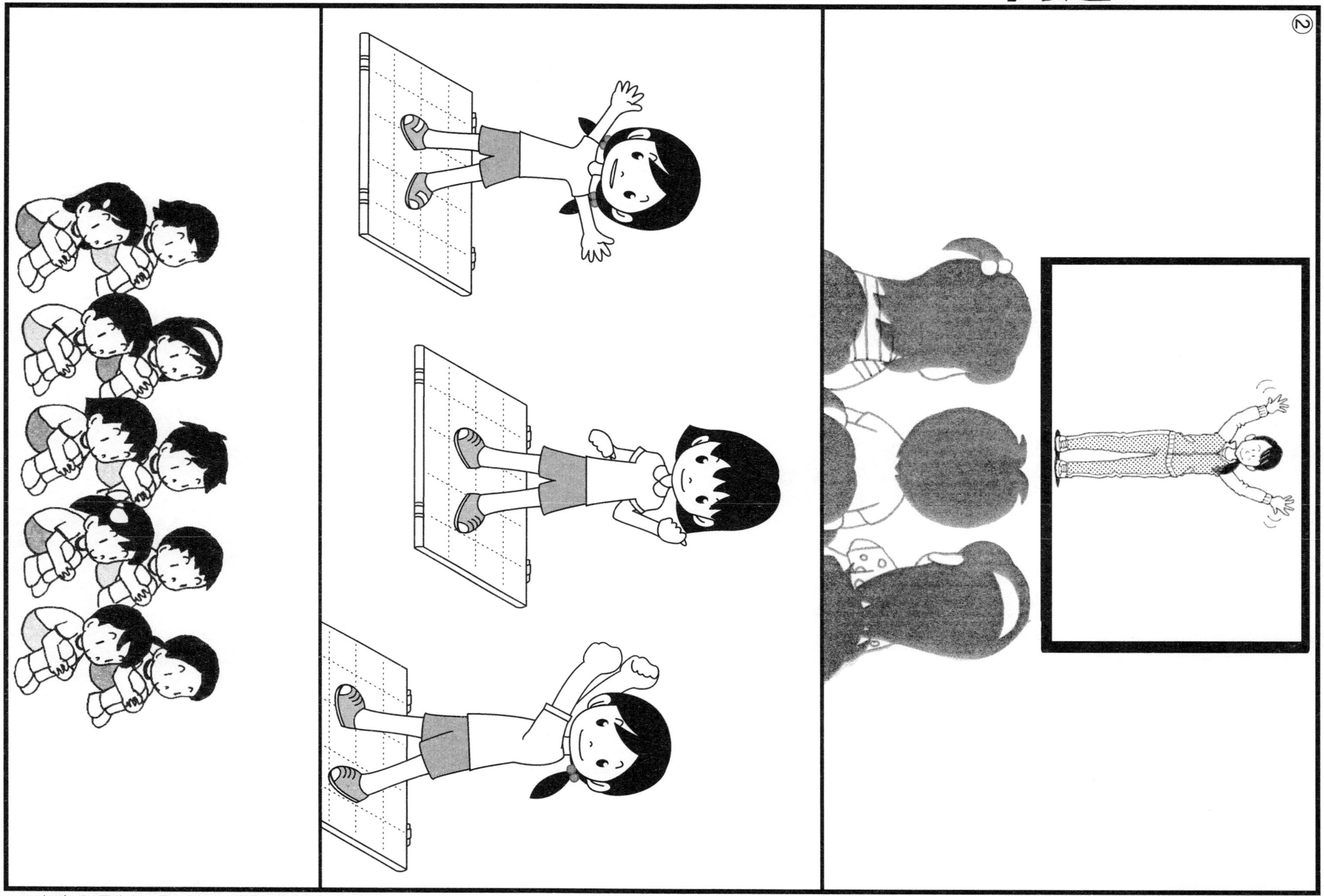

2024 年度 附属京都 過去 無断複製／転載を禁ずる 日本学習図書株式会社

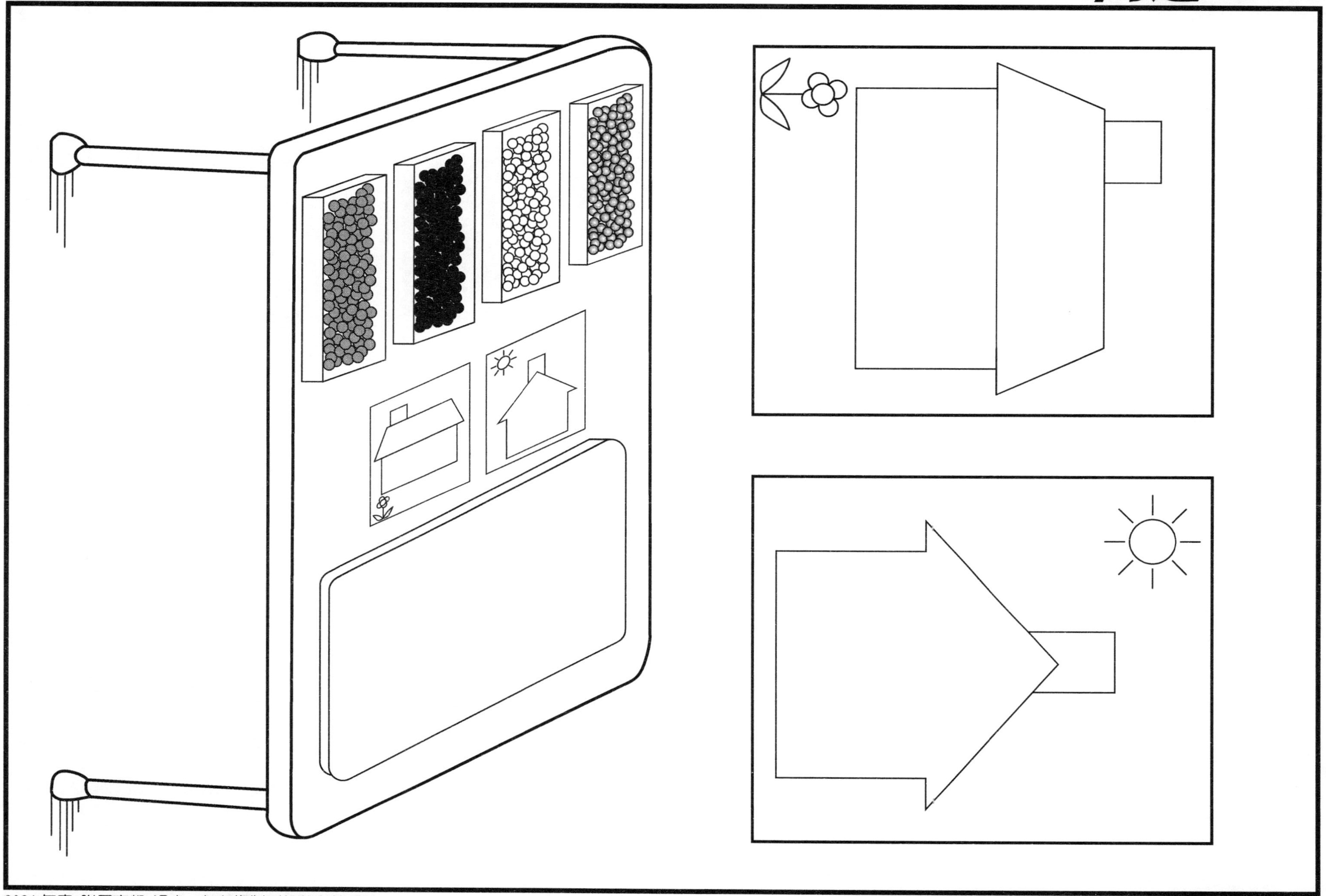

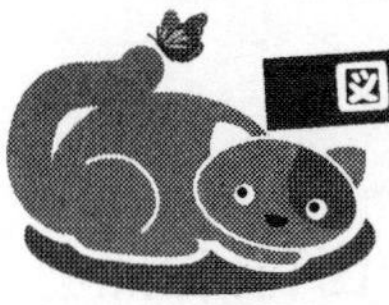

図書カード 1000 円分プレゼント

ご記入日　　年　月　日

☆国・私立小学校受験アンケート☆

※可能な範囲でご記入下さい。選択肢は○で囲んで下さい。

〈小学校名〉＿＿＿＿＿＿＿＿　〈お子さまの性別〉男・女　〈誕生月〉＿＿月

〈その他の受験校〉（複数回答可）＿＿＿＿＿＿＿＿

〈受験日〉①：＿月＿日〈時間〉＿時＿分～＿時＿分

②：＿月＿日〈時間〉＿時＿分～＿時＿分

〈受験者数〉男女計＿＿名（男子＿＿名　女子＿＿名）

〈お子さまの服装〉＿＿＿＿＿＿＿＿

〈入試全体の流れ〉（記入例）準備体操→行動観察→ペーパーテスト

＿＿＿＿＿＿＿＿

Eメールによる情報提供

日本学習図書では、Eメールでも入試情報を募集しております。
下記のアドレスに、アンケートの内容をご入力の上、メールをお送り下さい。

ojuken@nichigaku.jp

●行動観察　（例）好きなおもちゃで遊ぶ・グループで協力するゲームなど

〈実施日〉＿月＿日〈時間〉＿時＿分～＿時＿分〈着替え〉□有 □無

〈出題方法〉□肉声 □録音 □その他（　　　）〈お手本〉□有 □無

〈試験形態〉□個別 □集団（　　人程度）　〈会場図〉

〈内容〉

□自由遊び

＿＿＿＿＿＿＿＿

□グループ活動

＿＿＿＿＿＿＿＿

□その他

＿＿＿＿＿＿＿＿

●運動テスト（有・無）　（例）跳び箱・チームでの競争など

〈実施日〉＿月＿日〈時間〉＿時＿分～＿時＿分〈着替え〉□有 □無

〈出題方法〉□肉声 □録音 □その他（　　　）〈お手本〉□有 □無

〈試験形態〉□個別 □集団（　　人程度）　〈会場図〉

〈内容〉

□サーキット運動

□走り □跳び箱 □平均台 □ゴム跳び

□マット運動 □ボール運動 □なわ跳び

□クマ歩き

□グループ活動＿＿＿＿＿＿＿＿

□その他＿＿＿＿＿＿＿＿

●知能テスト・口頭試問

〈実施日〉＿＿月＿＿日 〈時間〉＿＿時＿＿分 ～ ＿＿時＿＿分 〈お手本〉□有 □無

〈出題方法〉 □肉声 □録音 □その他（　　　　　　） 〈問題数〉 ＿＿枚 ＿＿問

分野	方法	内　　容	詳　細・イ　ラ　ス　ト
（例） お話の記憶	☑筆記 □口頭	動物たちが待ち合わせをする話	（あらすじ） 動物たちが待ち合わせをした。最初にウサギさんが来た。次にイヌくんが、その次にネコさんが来た。最後にタヌキくんが来た。 （問題・イラスト）  ３番目に来た動物は誰か
お話の記憶	□筆記 □口頭		（あらすじ） （問題・イラスト）
図形	□筆記 □口頭		
言語	□筆記 □口頭		
常識	□筆記 □口頭		
数量	□筆記 □口頭		
推理	□筆記 □口頭		
その他	□筆記 □口頭		

●制作　（例）ぬり絵・お絵かき・工作遊びなど

〈実施日〉　月　日 〈時間〉　時　分　～　時　分

〈出題方法〉 □肉声 □録音 □その他（　　　　） 〈お手本〉□有 □無

〈試験形態〉 □個別 □集団（　　　人程度）

材料・道具	制作内容
□ハサミ □のり（□つぼ □液体 □スティック） □セロハンテープ □鉛筆 □クレヨン（　色） □クーピーペン（　色） □サインペン（　色）□ □画用紙（□ A4 □ B4 □ A3 □その他：　　　　） □折り紙 □新聞紙 □粘土 □その他（　　　　）	□切る　□貼る　□塗る　□ちぎる　□結ぶ　□描く　□その他（　　　　） タイトル：＿＿＿＿＿＿＿＿

●面接

〈実施日〉　月　日 〈時間〉　時　分　～　時　分〈面接担当者〉　名

〈試験形態〉□志願者のみ（　）名 □保護者のみ □親子同時 □親子別々

〈質問内容〉

□志望動機　□お子さまの様子

□家庭の教育方針

□志望校についての知識・理解

□その他（　　　　　）

（　詳　細　）

・

・

・

・

※試験会場の様子をご記入下さい。

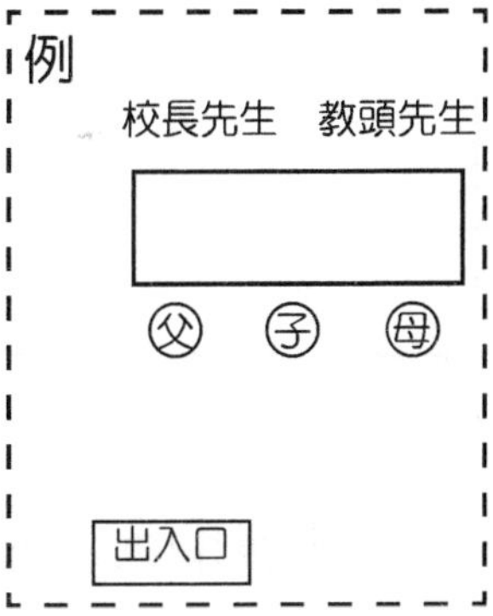

●保護者作文・アンケートの提出（有・無）

〈提出日〉 □面接直前　□出願時　□志願者考査中　□その他（　　　　　）

〈下書き〉 □有　□無

〈アンケート内容〉

（記入例）当校を志望した理由はなんですか（150 字）

●説明会（□有　□無）〈開催日〉　月　日〈時間〉　時　分　～　時　分

〈上履き〉　□要　□不要　〈願書配布〉　□有　□無　〈校舎見学〉　□有　□無

〈ご感想〉

●参加された学校行事（複数回答可）

公開授業〈開催日〉　月　日〈時間〉　時　分　～　時　分

運動会など〈開催日〉　月　日〈時間〉　時　分　～　時　分

学習発表会・音楽会など〈開催日〉　月　日〈時間〉　時　分　～　時　分

〈ご感想〉

※是非参加したほうがよいと感じた行事について

●受験を終えてのご感想、今後受験される方へのアドバイス

※対策学習（重点的に学習しておいた方がよい分野）、当日準備しておいたほうがよい物など

＊＊＊＊＊＊＊＊＊＊＊＊＊　ご記入ありがとうございました　＊＊＊＊＊＊＊＊＊＊＊＊＊

必要事項をご記入の上、ポストにご投函ください。

なお、本アンケートの送付期限は入試終了後３ヶ月とさせていただきます。また、入試に関する情報の記入量が当社の基準に満たない場合、謝礼の送付ができないことがございます。あらかじめご了承ください。

ご住所：〒

お名前：　　　　メール：

TEL：　　　　FAX：

アンケートのご記入
ありがとうございました

ご記入頂いた個人に関する情報は、当社にて厳重に管理致します。弊社の個人情報取り扱いに関する詳細は、www.nichigaku.jp/policy.php の「個人情報の取り扱い」をご覧下さい。

分野別 小学入試練習帳 ジュニアウォッチャー

1. 点・線図形	小学校入試で出題頻度の高い『点・線図形』の模写を、難易度の低いものから段階別に幅広く練習することができるように構成。
2. 座標	図形の位置模写という作業を、難易度の低いものから段階別に練習できるように構成。
3. パズル	様々なパズルの問題を難易度の低いものから段階別に練習できるように構成。
4. 同図形探し	小学校入試で出題頻度の高い、同図形選びの問題を繰り返し練習できるように構成。
5. 回転・展開	図形などを回転、または展開したとき、形がどのように変化するかを学習し、理解を深められるように構成。
6. 系列	数、図形などの様々な系列問題を、難易度の低いものから段階別に練習できるように構成。
7. 迷路	迷路の問題を繰り返し練習できるように構成。
8. 対称	対称に関する問題を４つのテーマに分類し、各テーマごとに問題を段階別に練習できるように構成。
9. 合成	図形の合成に関する問題を、難易度の低いものから段階別に練習できるように構成。
10. 四方からの観察	もの（立体）を様々な角度から見て、どのように見えるかを推理する問題を段階別に整理し、１つの形式で複数の問題を練習できるように構成。
11. いろいろな仲間	ものや動物、植物の共通点を見つけ、分類していく問題を中心に構成。
12. 日常生活	日常生活における様々な問題を６つのテーマに分類し、各テーマごとに一つの問題形式で複数の問題を練習できるように構成。
13. 時間の流れ	『時間』に着目し、様々なものごとは、時間が経過するとどのように変化するのかということを学習し、理解できるように構成。
14. 数える	様々なものを『数える』ことから、数の多少の判定やかけ算、わり算の基礎までを練習できるように構成。
15. 比較	比較に関する問題を５つのテーマ（数、高さ、長さ、量、重さ）に分類し、各テーマごとに問題を段階別に練習できるように構成。
16. 積み木	数える対象を積み木に限定した問題集。
17. 言葉の音遊び	言葉の音に関する問題を５つのテーマに分類し、各テーマごとに問題を段階別に練習できるように構成。
18. いろいろな言葉	表現力をより豊かにするいろいろな言葉として、擬態語や擬声語、同音異義語、反意語、数詞を取り上げた問題集。
19. お話の記憶	お話を聴いてその内容を記憶、理解し、設問に答える形式の問題集。
20. 見る記憶・聴く記憶	「見て憶える」「聴いて憶える」という『記憶』分野に特化した問題集。
21. お話作り	いくつかの絵を元にしてお話を作る練習をして、想像力を養うことができるように構成。
22. 想像画	描かれてある形や景色に好きな絵を描くことにより、想像力を養うことができるように構成。
23. 切る・貼る・塗る	小学校入試で出題頻度の高い、はさみやのりなどを用いた巧緻性の問題を繰り返し練習できるように構成。
24. 絵画	小学校入試で出題頻度の高い、お絵かきやぬり絵などクレヨンやクーピーペンを用いた巧緻性の問題を繰り返し練習できるように構成。
25. 生活巧緻性	小学校入試で出題頻度の高い日常生活の様々な場面における巧緻性の問題集。
26. 文字・数字	ひらがなの清音、濁音、拗音、拗長音、促音と１～20までの数字に焦点を絞り、練習できるように構成。
27. 理科	小学校入試で出題頻度が高くなりつつある理科の問題を集めた問題集。
28. 運動	出題頻度の高い運動問題を種目別に分けて構成。
29. 行動観察	項目ごとに問題提起をし、「このような時はどうか、あるいはどう対処するのか」の観点から問いかける形式の問題集。
30. 生活習慣	学校から家庭に提起された問題と思って、一問一問絵を見ながら話し合い、考える形式の問題集。
31. 推理思考	数、量、言語、常識（含理科、一般）など、諸々のジャンルから問題を構成し、近年の小学校入試問題傾向に沿って構成。
32. ブラックボックス	箱や筒の中を通ると、どのようなお約束でどのように変化するかを推理・思考する問題集。
33. シーソー	重さの違うものをシーソーに乗せた時どちらに傾くのか、またどうすればシーソーは釣り合うのかを思考する基礎的な問題集。
34. 季節	様々な行事や植物などを季節別に分類できるように知識をつける問題集。
35. 重ね図形	小学校入試で頻繁に出題されている「図形を重ね合わせてできる形」についての問題を集めました。
36. 同数発見	様々な物を数え「同じ数」を発見し、数の多少の判断や数の認識の基礎を学べるように構成した問題集。
37. 選んで数える	数の学習の基本となる、いろいろなものの数を正しく数える学習を行う問題集。
38. たし算・ひき算１	数字を使わず、たし算とひき算の基礎を身につけるための問題集。
39. たし算・ひき算２	数字を使わず、たし算とひき算の基礎を身につけるための問題集。
40. 数を分ける	数を等しく分ける問題です。等しく分けたときに余りが出るものもあります。
41. 数の構成	ある数がどのような数で構成されているか学んでいきます。
42. 一対多の対応	一対一の対応から、一対多の対応まで、かけ算の考え方の基礎学習を行います。
43. 数のやりとり	あげたり、もらったり、数の変化をしっかりと学びます。
44. 見えない数	指定された条件から数を導き出します。
45. 図形分割	図形の分割に関する問題集。パズルや合成の分野にも通じる様々な問題を集めました。
46. 回転図形	「回転図形」に関する問題集。やさしい問題から始め、いくつかの代表的なパターンから、段階を踏んで学習できるよう編集されています。
47. 座標の移動	「マス目の指示通りに移動する問題」と「指示された数だけ移動する問題」を収録。
48. 鏡図形	鏡で左右反転させた時の見え方を考えます。平面図形から立体図形、文字、絵まで。
49. しりとり	すべての学習の基礎となる「言葉」を学ぶこと、特に「語彙」を増やすことに重点をおき、さまざまなタイプの「しりとり」問題を集めました。
50. 観覧車	観覧車やメリーゴーラウンドなどを舞台にした「回転系列」の問題集。「推理思考」分野の問題ですが、要素として「図形」や「数量」も含みます。
51. 運筆①	鉛筆の持ち方を学び、点線なぞり、お手本を見ながらの模写で、線を引く練習をします。
52. 運筆②	運筆①からさらに発展し、「欠所補完」や「迷路」などを楽しみながら、より複雑な鉛筆運びを習得することを目指します。
53. 四方からの観察 積み木編	積み木を使用した「四方からの観察」に関する問題を練習できるように構成。
54. 図形の構成	見本の図形がどのような部分によって形づくられているかを考えます。
55. 理科②	理科的知識に関する問題を集中して練習する「常識」分野の問題集。
56. マナーとルール	道路や駅、公共の場でのマナー、安全や衛生に関する常識を学べるように構成。
57. 置き換え	さまざまな具体的・抽象的事象を記号で表す「置き換え」の問題を扱います。
58. 比較②	長さ・高さ・体積・数などを数学的な知識を使わず、論理的に推測する「比較」の問題を練習できるように構成。
59. 欠所補完	線と線のつながり、欠けた絵に当てはまるものなどを求める「欠所補完」に取り組める問題集です。
60. 言葉の音（おん）	しりとり、決まった順番の音をつなげるなど、「言葉の音」に関する問題に取り組める練習問題集です。

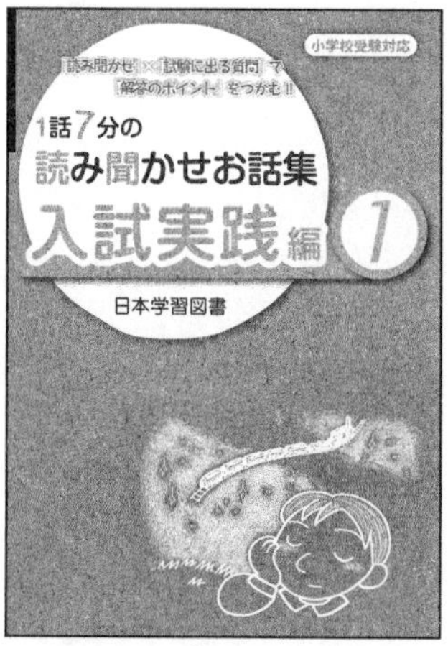

『読み聞かせ』×『質問』＝『聞く力』

お話の記憶の練習に最適

1話5分の 読み聞かせお話集①②

「アラビアン・ナイト」「アンデルセン童話」「イソップ寓話」「グリム童話」、日本や各国の民話、昔話、偉人伝の中から、教育的な物語や、過去に小学校入試でも出題された有名なお話を中心に掲載。お話ごとに、内容に関連したお子さまへの質問も掲載しています。「読み聞かせ」を通して、お子さまの『聞く力』を伸ばすことを目指します。

①巻・②巻　各48話

1話7分の読み聞かせお話集 入試実践編①

国立・私立小学校受験対応

最長1,700文字の長文のお話を掲載。有名でない＝「聞いたことのない」お話を聞くことで、『集中力』のアップを目指します。設問も、実際の試験を意識した設問としています。ペーパーテスト実施校の多くが「お話の記憶」の問題を出題します。毎日の「読み聞かせ」と「試験に出る質問」で、「解答のポイント」をつかんで臨みましょう！

50話収録

ニチガクの この5冊で受験準備も万全！

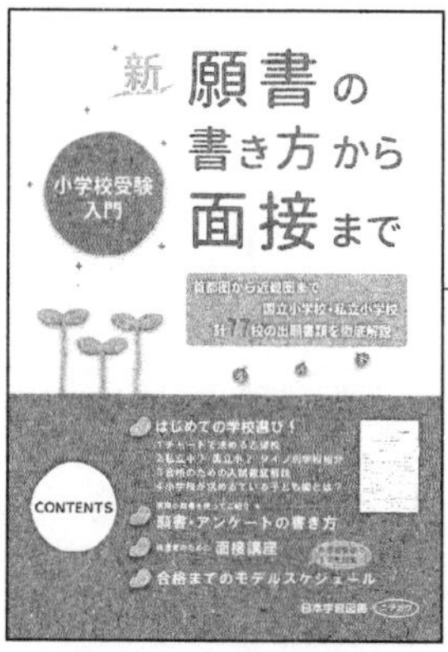

小学校受験入門 願書の書き方から面接まで　リニューアル版

主要私立・国立小学校の願書・面接内容を中心に、学校選びや入試の分野傾向、服装コーディネート、持ち物リストなども網羅し、受験準備全体をサポートします。

小学校受験で 知っておくべき 125のこと

小学校受験の基本から怪しい「ウワサ」まで、保護者の方々からの 125 の質問にていねいに解答。目からウロコのお受験本。

新　小学校受験の 入試面接Q＆A　リニューアル版

過去十数年に遡り、面接での質問内容を網羅。小学校別、父親・母親・志願者別、さらに学校のこと・志望動機・お子さまについてなど分野ごとに模範解答例やアドバイスを掲載。

新　願書・アンケート 文例集 500　リニューアル版

有名私立小、難関国立小の願書やアンケートに記入するための適切な文例を、質問の項目別に収録。合格を掴むためのヒントが満載！願書を書く前に、ぜひ一度お読みください。

小学校受験に関する 保護者の悩みQ＆A

保護者の方約 1,000 人に、学習・生活・躾に関する悩みや問題を取材。その中から厳選した 200 例以上の悩みに、「ふだんの生活」と「入試直前」のアドバイス２本立てで悩みを解決。

日本学習図書株式会社

京都教育大学附属京都小中学校　専用注文書

年　　月　　日

合格のための問題集ベスト・セレクション

＊入試頻出分野ベスト３

1st 図形　観察力　思考力　集中力

2nd 推理　思考力　観察力

3rd 常識　知識　公衆

ペーパー、制作、口頭試問、運動、行動観察とさまざまな形での課題があります。ペーパーテストでは、図形、推理を中心に思考力を問われる問題が多く見られ、時折、難問も見受けられます。

分野	書　名	価格（税込）	注文	分野	書　名	価格（税込）	注文
図形	Ｊｒ・ウォッチャー２「座標」	1,650円	冊	図形	Ｊｒ・ウォッチャー47「座標の移動」	1,650円	冊
図形	Ｊｒ・ウォッチャー９「合成」	1,650円	冊	巧緻性	Ｊｒ・ウォッチャー51「運筆①」	1,650円	冊
数量	Ｊｒ・ウォッチャー14「数える」	1,650円	冊	図形	Ｊｒ・ウォッチャー52「運筆②」	1,650円	冊
言語	Ｊｒ・ウォッチャー17「言葉の音遊び」	1,650円	冊	常識	Ｊｒ・ウォッチャー55「理科②」	1,650円	冊
言語	Ｊｒ・ウォッチャー18「いろいろな言葉」	1,650円	冊	言語	Ｊｒ・ウォッチャー60「言葉の音（おん）」	1,650円	冊
記憶	Ｊｒ・ウォッチャー19「お話の記憶」	1,650円	冊		実践 ゆびさきトレーニング①・②・③	2,750円	各　冊
巧緻性	Ｊｒ・ウォッチャー22「想像画」	1,650円	冊		新 口頭試問・個別テスト問題集	2,750円	冊
巧緻性	Ｊｒ・ウォッチャー23「切る・貼る・塗る」	1,650円	冊		新 ノンペーパーテスト問題集	2,860円	冊
巧緻性	Ｊｒ・ウォッチャー24「絵画」	1,650円	冊		新 運動テスト問題集	2,420円	冊
巧緻性	Ｊｒ・ウォッチャー25「生活巧緻性」	1,650円	冊		１話５分の読み聞かせお話集①・②	1,980円	各　冊
常識	Ｊｒ・ウォッチャー27「理科」	1,650円	冊		お話の記憶　初級編	2,860円	冊
運動	Ｊｒ・ウォッチャー28「運動」	1,650円	冊		お話の記憶　中級編	2,200円	冊
観察	Ｊｒ・ウォッチャー29「行動観察」	1,650円	冊		面接テスト問題集	2,200円	冊
常識	Ｊｒ・ウォッチャー34「季節」	1,650円	冊		新 小学校受験の入試面接Ｑ＆Ａ	2,860円	冊

合計	冊	円

（フリガナ） 氏　名	電　話 ＦＡＸ E-mail
住 所　〒　　　－	以前にご注文されたことはございますか。 有　・　無

★お近くの書店、または記載の電話・FAX・ホームページにてご注文をお受けしております。
電話：03-5261-8951　FAX：03-5261-8953　代金は書籍合計金額＋送料がかかります。
※なお、落丁・乱丁以外の理由による商品の返品・交換には応じかねます。

★ご記入頂いた個人に関する情報は、当社にて厳重に管理致します。なお、ご購入の商品発送の他に、当社発行の書籍案内、書籍に関する調査に使用させて頂く場合がございますので、予めご了承ください。

日本学習図書株式会社
http://www.nichigaku.jp

家庭学習をトータルサポート！ ニチガクのオリジナル 効果的 学習法

1 まずはアドバイスページを読む！

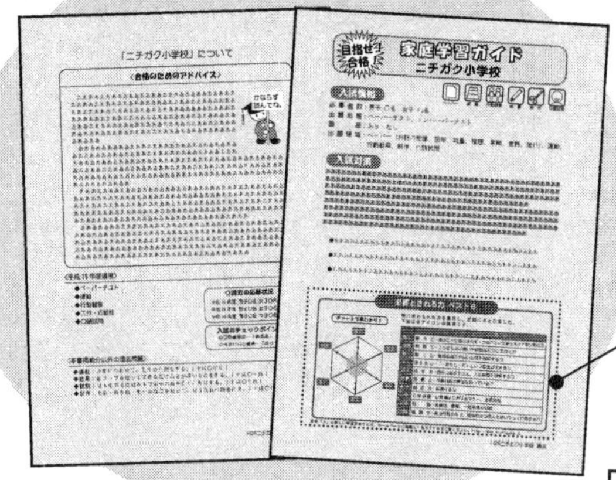

ピンク色です

対策や試験ポイントがぎっしりつまった「家庭学習ガイド」。分析内容やレーダーチャート、分野アイコンで、試験の傾向をおさえよう！

2 問題をすべて読み、出題傾向を把握する

3 「学習のポイント」で学校側の観点や問題の解説を熟読

4 はじめて過去問題にチャレンジ！

5 プラスα 対策問題集や類題で力を付ける

過去問のこだわり

各問題に求められる「力」

分野だけでなく、各問題の求められる「力」をアイコンで表記！アドバイスページの分析レーダーチャートで力のバランスも把握できる！

各問題のジャンル

問題1 分野：数量（計数） 集中 観察

〈準 備〉 クレヨン

〈問 題〉 ①虫がたくさんいます。それぞれの虫は何匹いますか。下のそれぞれの絵の右側に、その数だけ緑色のクレヨンで○を書いてください。
②果物が並んでいます。それぞれの果物はいくつありますか。下のそれぞれの絵の右側に、その数だけ赤色のクレヨンで○を書いてください。

出題年度

〈時 間〉 1分

〈解 答〉 ①アメンボ…5、カブトムシ…8、カマキリ…11、コオロギ…9
②ブドウ…6、イチゴ…10、バナナ…8、リンゴ…5

［2017年度出題］

学習のポイント

①は男子、②は女子で出題されました。１次試験のペーパーテストは、全体的にオーソドックスな内容で、特別に難易度が高い問題ではありません。しかし、解答時間が短く、解き終わらない受験者も多かったようです。本問のような計数問題では、特に根気よく、数え落としがないように進めなければなりません。そのためにも、例えば、左上の虫から右に見ていく、もしくは縦に見ていく、というように、ルールを決めて数えていくこと、また、○や×、△などの印を虫ごとに付けていくことで、数え落としのミスを減らせます。時間は短いため焦りがつきものですが、落ち着いて取り組めるよう、少しずつ練習していきましょう。

【おすすめ問題集】
Ｊｒ・ウォッチャー14「数える」、37「選んで数える」

学習のポイント

各問題の解説や学校の観点、指導のポイントなどを教えます。
今日から保護者の方が家庭学習の先生に！

おすすめ対策問題集

分野ごとに対策問題集をご紹介。苦手分野の克服に最適です！

＊専門注文書付き。

2024年度版 京都府版 国立小学校 過去問題集

発行日 2023年12月8日
発行所 〒162-0821 東京都新宿区津久戸町 3-11
TH1ビル飯田橋 9F
日本学習図書株式会社
電 話 03-5261-8951 ㈹

詳細は http://www.nichigaku.jp 日本学習図書 検索

京都幼児教室は有名国立・私立小学校を中心に抜群の合格実績を誇っています。

年長児4月～9月まで

洛南クラス

●現在の授業日

火曜日
15:00～17:00
土曜日
9:40～11:40

音声によるテストを毎回実施し、より実践的な内容となっております。難度の高い問題・思考力が必要な問題など、様々なパターンのプリント学習を中心に授業に取り組む姿勢を高めていきます。

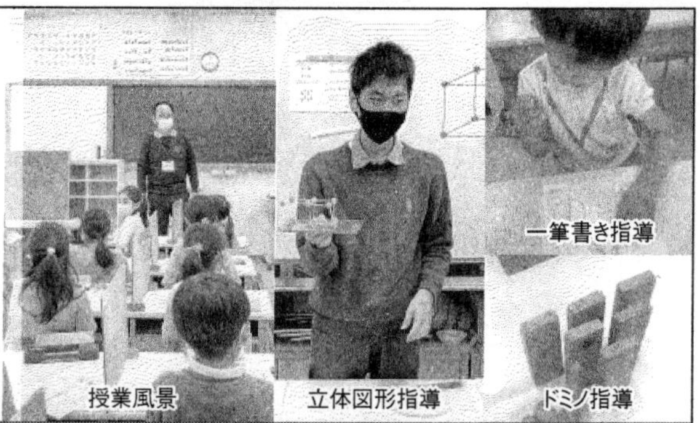

一筆書き指導　授業風景　立体図形指導　ドミノ指導

年中児4月～9月まで

4歳児洛南小クラス

●現在の授業日

月曜日
14:35～16:50
土曜日
13:00～15:15

音声によるテストを毎回実施します。入試に必要な内容で指導を行い、聞き取り・巧緻性・言語面を強化していきます。

授業風景

年長児4月～9月まで

受験科クラス

●現在の授業日

火曜日 立命館・同志社・ノートルダム小対応クラス
15:00～17:00
土曜日 京女・聖母小対応クラス
14:00～16:00

各小学校に対応した授業内容となっております。プリント・運動・制作・面接と練習していき、バランスよく力をつけていきます。

授業風景　面接練習

年長児4月～9月まで

小学校受験対策 体操スクール

●現在の授業日

土曜日
13:05～13:45

運動技能の習得は勿論、出願頻度の高い指示運動や待つ姿勢にも取り組みます。受験に出願される内容を全て網羅します。

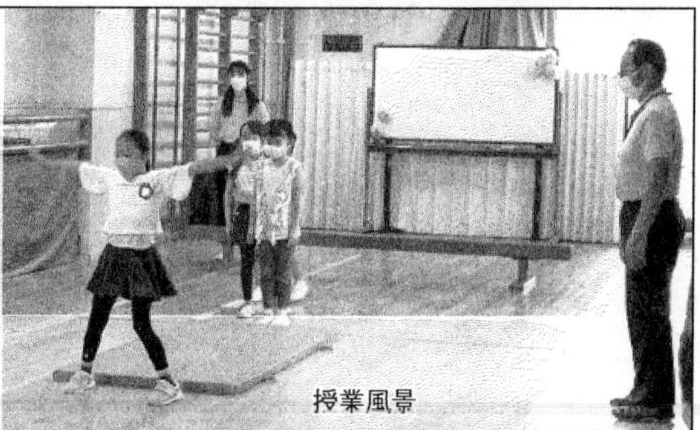

授業風景

年長児対象　小学校受験対策 **教育大附属小クラス**	年長児対象　総合的知能開発 **算数・国語クラス**	2歳児～年長児対象　総合運動能力開発 **体操スクール**
年少児対象　小学校受験対策 **3歳児・ハイレベル洛南小クラス**	年少児対象　総合的知能開発 **3歳児クラス**	0～2歳児対象　総合的知能開発 **育脳クラス**

お問い合せは、京都幼児教室まで　☎ 075-344-5013　✉ kyoto@kirara-kids.com

京都幼児教室

四条教室　〒600-8083 京都市下京区高倉通仏光寺上ル
TEL.075-344-5013/FAX.075-344-5015

ホームページ　https://kyotoyouji.kirara-kids.com